ESAME di
AVVOCATO 2021

Luigi NONNE

# ORALE RAFFORZATO di CIVILE

## GUIDA E RACCOLTA DI PARERI ELABORATI SULLA BASE DELLE NUOVE INDICAZIONI

Neldiritto Editore

**FINITO DI STAMPARE NEL MESE DI APRILE 2021 DA:**
TORGRAF
Galatina (LE)



ISBN **978-88-3270-950-6**

# PREMESSA

Con il **Decreto Legge n. 31 del 13 marzo 2021,** *Misure urgenti in materia di svolgimento dell'esame di Stato per l'abilitazione all'esercizio della professione di avvocato durante l'emergenza epidemiologica da COVID-19*, la prima prova scritta prevista per **l'esame di abilitazione** alla **professione forense** è stata sostituita con una **prova orale,** avente ad oggetto, **la discussione di una questione pratico-applicativa**, **nella forma della soluzione di un caso**, **che postuli conoscenze di diritto sostanziale e di diritto processuale.**
La prova avrà la durata **di 60 minuti**, i primi trenta minuti vengono messi a disposizione del candidato per lo studio del **caso giuridico**, attraverso la consultazione dei **codici annotati con la giurisprudenza**, nei successivi trenta minuti **l'aspirante avvocato** dovrà esporre la questione dinnanzi alla commissione.
Il presente volume costituisce uno **strumento innovativo volto ad assicurare una preparazione completa** per questa **nuova prova** a cui **gli aspiranti avvocati** dovranno sottoporsi.
L'opera contiene un primo **capitolo introduttivo** ove gli autori offrono **preziosi consigli ai candidati**, affinché possano imparare ad **ottimizzare il tempo** e ad **utilizzare in maniera ottimale** i **dati forniti dalla traccia**, oltre che per una pronta **consultazione dei codici**.
Nella trattazione di ciascun quesito è stato seguito un approccio standardizzato:

- **Lettura ragionata della traccia ed individuazione dei fatti rilevanti**
- **individuazione degli istituti giuridici rilevanti**
- **individuazione della disciplina normativa applicabile e dei principi giurisprudenziali**
- **percorso logico argomentativo**
- **proposta di soluzione.**

L'opera contiene **una vera e propria raccolta dei percorsi logici** che il candidato deve compiere **per giungere alla soluzione del caso giuridico oggetto di prova.**

# AUTORI

L'opera è stata curata dal Prof. Luigi Nonne.

Hanno collaborato il dott. Pietro Libeccio, il dott. Gianluca De Donno, il dott. Carlo Attanasio, il dott. Massimiliano Fadda, il dott. Lorenzo Cordì, il dott. Domenico Giurato, la dott.ssa Tania Botolu.

SOMMARIO

**SUGGERIMENTI DI METODO PER LA RIMA PROVA**
di Luigi Nonne e Pietro Libeccio **1**

**QUESITO n. 1**
Tutele del compratore e vizi della cosa venduta

*(Cass. Civ., Sez. Un., 25 settembre 2012, dep. 13 novembre 2012, n. 19702, Pres. Preden – Est. Bucciante)*
di Pietro Libeccio **11**

**QUESITO n. 2**
Usura e tutela del mutuatario

*(Cass. Civ., Sez. Un., 10 luglio 2020, dep. 18 settembre 2020, n. 19597, Pres. Mammone – Est. Nazzicone; Cass. Civ., Sez. Un., 18 luglio 2017, dep. 19 ottobre 2017, n. 24675, Pres. Rordof – Est. De Chiara)*
di Pietro Libeccio **25**

**QUESITO n. 3**
Responsabilità civile dell'esercente la professione sanitaria e della struttura ospedaliera

*(Cass. Civ., Sez. III., 3 luglio 2019, dep. 11 novembre 2019, n. 28989, Pres. Amendola – Est. Dell'Utri)*
di Pietro Libeccio **35**

**QUESITO n. 4**
Sopravvenuta inutilizzabilità della prestazione

*(Cass. Civ., Sez. III., 22 marzo 2007, dep. 24 luglio 2007, n. 16315, Pres. Trifone – Est. Scarano)*
di Pietro Libeccio **47**

**QUESITO n. 5**
Sorte dell'assegno divorzile in caso di convivenza *more uxorio* e limiti alla solidarietà post-matrimoniale

*(Cass. Civ., Sez. I, 27 ottobre 2020, dep. 17 ottobre 2020, n. 28995, Pres. Genovese)*
di Gianluca De Donno **57**

**QUESITO n. 6**
Il profilo causale dei contratti derivati: causa astratta, causa concreta e il problema del collegamento negoziale.

*(Cass., sez. un., 12 maggio 2020, n. 8770)*
di Carlo Attanasio **71**

**QUESITO n. 7**
La rinuncia abdicativa al diritto di proprietà immobiliare: ammissibilità nella disciplina delle espropriazioni per pubblica utilità.

*(Cons. di Stato, Adunanza Plenaria, 13 novembre 2019, dep. 20 gennaio 2020, nn. 2 – 4, Pres. Patroni Griffi, Est. Lotti/Lageder)*
di Massimiliano Fadda **85**

**QUESITO n. 8**
La forma dell'intesa fiduciaria

*(Cass. civ., Sezioni unite, 6 marzo 2020, n. 6459, Pres. Spirito, Est. Giusti)*
di Lorenzo Cordì **103**

**QUESITO n. 9**
La divisione di immobili abusivi.

*(Cass. Civ., Sez. Un., 22 settembre 2020, dep. 7 ottobre 2019, n. 25021, Pres. Mammone, Est. Lombardo)*
di Domenico Giurato **121**

**QUESITO n. 10**
Responsabilità sanitaria: la manleva della struttura sanitaria sul medico dipendente e riparto di giurisdizione sull'azione di rivalsa tra giudice ordinario e contabile.

*(Corte di Cassazione, sez. Unite Civili, sentenza 22 settembre – 12 ottobre 2020, n. 21992 - Presidente Tirelli – Relatore Vincenti)*
di Tania Bortolu **139**

# SUGGERIMENTI DI METODO PER LA PRIMA PROVA

di Luigi Nonne e Pietro Libeccio

In séguito all'emergenza sanitaria, l'esame d'abilitazione all'esercizio della professione forense ha subito significative modifiche; difatti, il d. l. 13 marzo 2021, n. 31, recante *Misure urgenti in materia di svolgimento dell'esame di Stato per l'abilitazione all'esercizio della professione di avvocato durante l'emergenza epidemiologica da COVID-19*, ha imposto una nuova forma di svolgimento delle prove, che sia in grado di tutelare la salute di candidati ed esaminatori e, al contempo, che possa garantire una seria selezione degli aspiranti avvocati.

La nuova disciplina individua una struttura dell'esame che si articola in due prove.

Una prima prova, orale e pubblica, ha ad oggetto «l'esame e la discussione di una questione pratico-applicativa, nella forma della soluzione di un caso, che postuli conoscenze di diritto sostanziale e di diritto processuale» in una materia a scelta tra diritto civile, diritto penale, diritto amministrativo.

La durata della prova è stabilita in un'ora, di cui trenta minuti sono a disposizione del candidato per lo studio del caso e la consultazione dei testi normativi (anche annotati con la giurisprudenza), con la possibilità di «prendere appunti e predisporre uno schema per la discussione del quesito utilizzando fogli di carta messi a disposizione sul banco»; nei restanti trenta minuti il candidato, senza codici e con i soli appunti eventualmente stilati, discute la questione con la commissione.

In caso di superamento della prima prova, il candidato accede alla seconda prova, anch'essa orale e pubblica, la quale ha ad oggetto la discussione di brevi questioni inerenti alle materie indicate dall'art. 2, c. 7, del d.l. n. 31/2021.

Nel caso in cui il testo del d.l. venga confermato in sede di conversione, è opportuno concentrare l'attenzione sullo svolgimento della prima

prova, alla quale sono dedicate le riflessioni che seguono. Esse non solo vogliono offrire alcuni esempi di questioni e del loro possibile svolgimento (anche se non è ancora definita la modalità con cui le tracce saranno formulate), ma intendono anche proporre alcuni suggerimenti di metodo e costituire un utile supporto per lo studio e il ripasso di alcuni temi fondamentali del diritto civile.
Le questioni oggetto della prima prova possono riguardare qualsiasi istituto regolato dal codice civile e dalle leggi speciali di contenuto privatistico.

**La prima domanda che ci si può porre concerne le modalità con cui affrontare un campo così ampiamente comprensivo di possibili argomenti come quello del diritto civile.** Per di più, oltre alla vastità dell'àmbito disciplinare, ci si interroga su come ciò sia possibile **in un tempo così ristretto** (trenta minuti di preparazione e trenta minuti di discussione).
La risposta è chiara, seppure di non agevole realizzazione: è necessario apprendere un **metodo** che indichi come analizzare la traccia e come usare gli strumenti a disposizione del candidato. Difatti, assimilare un metodo consente di affrontare con sicurezza e con ordine qualsiasi questione estratta, giacché un metodo ordinato rassicura sia il candidato che espone, sia il commissario che ascolta.
Pur nell'incertezza data dalla novità delle prove (incertezza che sussiste anche per i commissari), seguono qui alcuni consigli di metodo su come affrontare la prova.

Il **primo consiglio**, da osservare scrupolosamente, consiste nel **leggere attentamente** la traccia **almeno tre volte**. Una prima volta per la comprensione globale; una seconda per individuare gli istituti potenzialmente rilevanti; una terza per sottolineare o comunque evidenziare gli elementi di fatto e di diritto da tenere in considerazione.

**Il secondo consiglio** è di prestare **attenzione agli elementi di fatto**, poiché la traccia non è mai scritta a caso e tutti i suoi elementi sono pensati per sollecitare la riflessione del candidato su un istituto

determinato e per verificarne la capacità di analisi, di approfondimento, di argomentazione e di persuasione.
La capacità di valorizzare il "fatto" costituisce un'abilità certamente necessaria per l'esercizio della professione forense, la quale merita di essere dimostrata innanzi alla Commissione.

Gli elementi di fatto possono essere di vari tipi:

- le **date** (ad esempio, 3 marzo 2018) e in generale i **riferimenti temporali** (ad esempio, tre mesi, immediatamente etc.) richiedono che il candidato si ponga un problema generalmente di prescrizione o decadenza, di rispetto di termini processuali o sostanziali, di successione di leggi nel tempo, di maturazione di un affidamento qualificato, di maturazione di un diritto (come, ad esempio, il danno tanatologico o l'usucapione), e così via.
  Se la traccia non indica una data, può generalmente presumersi che il caso da esaminare sia avvenuto nel giorno o nei giorni in cui si svolge la prova;
- le **indicazioni geografiche** (ad esempio, Milano) richiedono invece che il candidato quantomeno ne tenga conto al fine di individuare la giurisdizione e la competenza territoriale. Talvolta, possono anche indicare *per relationem* il soggetto passivo (ad esempio, se si indica che chi passeggia inciampi in una depressione del manto stradale dovuta a difetto di manutenzione nelle strade *cittadine di Milano*, ciò suggerisce che l'obbligato alla responsabilità sia il Comune di Milano come soggetto che ha in custodia le strade della città);
- le **circostanze modali** (ad esempio, se si specifica che un soggetto cammina *distrattamente*) richiedono di essere valorizzate per argomentare l'applicazione di determinati istituti, i quali devono essere individuati dal candidato proprio in base al dato di fatto indicato nella traccia (ad esempio, per ipotizzare un concorso di colpa del danneggiato disattento). Quanto agli **elementi teleologici** (ossia se viene specificato lo scopo dell'azione), anch'essi rilevano nello stesso senso delle circostanze modali, essendo decisivi ai fini dell'applicazione di

una determinata disciplina (come, ad esempio, nel caso in cui "Tizio, imprenditore, si reca al supermercato così da acquistare un televisore per casa", ipotesi la quale esige che il candidato rilevi la natura di consumatore in base alla definizione legislativa di cui all'art. 3, comma 1, lett. a) cod. cons., costruita secondo lo scopo perseguito nell'atto consumeristico, in modo da non cadere nell'errato automatismo per cui nell'esempio fatto, essendo il soggetto menzionato come imprenditore, si dovrebbe senz'altro concludere per la relativa qualifica in termini di professionista);

- deve infine darsi l'opportuno risalto a **ogni altra circostanza** utile sia per **argomentare** (anche solo più persuasivamente) una posizione (ad esempio, nel caso dell'animale appartenente a una specie aggressiva che si liberi dalla museruola e ferisca un passante, si potrà sostenere l'assenza del caso fortuito *ex* art. 2052 c.c. sia per la presumibile inidoneità della museruola rispetto all'animale, sia per la non anormalità e/o imprevedibilità della liberazione da questa, data l'aggressività della specie in questione), sia per **indicare potenziali elementi di prova** a favore (o contro) l'ipotetico cliente (ad esempio, se un fatto illecito è commesso sul palcoscenico durante una rappresentazione teatrale, si potrà valorizzare la presenza del pubblico per individuare potenziali testimoni come mezzo di prova).

Qualora sia in dubbio una circostanza di diritto che dipende da un elemento di fatto, e tale elemento non sia presente nella traccia, allora è possibile prospettare tutte le principali soluzioni possibili (ad esempio, in materia di responsabilità civile, la morte del danneggiato senza che ne siano specificate le circostanze impone di distinguere tra l'ipotesi del decesso istantaneo che non dà luogo al risarcimento e l'ipotesi in cui il decesso intervenga dopo un apprezzabile lasso temporale dal fatto dannoso ovvero immediatamente ma con un istante di lucida agonia del danneggiato, ipotesi che invece possono dare luogo a un danno biologico terminale e a un danno morale terminale).

Il **terzo consiglio** è di indicare sempre sia i **rimedi sostanziali e processuali** a disposizione del cliente, sia **ogni aspetto processuale rilevante**, come la necessità della mediazione o della negoziazione assistita, ovvero di un accertamento tecnico preventivo, nonché il giudice competente, la possibilità di condanna alle spese per lite temeraria, la giurisdizione e la competenza etc.). Infatti, il cliente non si presenta mai per avere una semplice trattazione teorica del suo caso, ma esige che il professionista individui i rimedi e le tutele a lui favorevoli per risolvere il problema. Occorre quindi dare conto di questa capacità individuando tutti gli strumenti a disposizione del proprio assistito e verificando quali siano quelli effettivamente opportuni per il cliente (ad esempio, la pubblicazione della sentenza di condanna in determinati casi, pur essendo astrattamente consentita, in concreto potrebbe aggravare la lesione all'onore del cliente e quindi non essere consigliata).

Il **quarto consiglio** è di valorizzare possibili **collegamenti interdisciplinari** non soltanto, come già evidenziato, con riferimenti al diritto processuale (civile), ma anche al diritto penale (ad esempio, in caso di fatto illecito, è opportuno ricordare che in alternativa sussiste la possibilità di costituirsi parte civile nel processo penale, che la prescrizione dell'illecito civile è pari a quella del reato commesso, se superiore al termine quinquennale, *ex* art. 2947 c. 2 c.c., che in caso di danno da reato è risarcibile anche il danno non patrimoniale *ex* art. 185 c.p., e così via), oltre al diritto internazionale privato, etc. La complessità delle questioni è una caratteristica ordinaria della professione forense, per cui è opportuno dimostrare la capacità di evidenziare sinteticamente anche i nessi tra i vari rami dell'ordinamento giuridico.

Il **quinto consiglio** consiste, a séguito di una lettura della traccia significativamente attenta ai profili fattuali, rimediali, probatori, processuali e interdisciplinari, nell'inquadrare gli istituti giuridici rilevanti tramite la **consultazione del codice non annotato**.
Esordire l'analisi facendo ricorso al codice non annotato, infatti, consente di avere una visione complessiva degli istituti rilevanti, della

collocazione sistematica delle disposizioni pertinenti al caso affrontato, delle norme che precedono o seguono tali disposizioni.
Inoltre, il codice non annotato indica solitamente nelle varie disposizioni, tra parentesi, alcuni riferimenti ad altre previsioni da ritenersi "collegate" alle prime secondo la sensibilità di chi ha curato il codice. Questi richiami possono aiutare a individuare altri problemi che in un primo esame non sono stati contemplati.
Ancora, il codice indica in nota eventuali modifiche intervenute in merito alle disposizioni oggetto di esame, le quali modifiche potrebbero essere rilevanti sia per individuare la legge applicabile al caso sia per argomentare l'interpretazione della nuova disposizione.
Infine, come per tutti i codici, anche quello civile in genere reca nelle pagine finali un indice che associa a una parola (ad esempio, *rescissione*) gli articoli in cui la parola ricorre, il che consente di costruire rapidamente un quadro unitario delle disposizioni potenzialmente utili.

Il **sesto consiglio** è di utilizzare il **codice annotato** con la giurisprudenza dopo aver consultato il codice non annotato ed avere così individuato le disposizioni rilevanti, sulle quali ricercare gli indirizzi giurisprudenziali. A questo proposito, l'assenza di un orientamento giurisprudenziale può indicare che la questione non è stata correttamente inquadrata, ma può anche semplicemente indicare che la questione non è stata tratta da una specifica massima giurisprudenziale al fine di accertare l'attitudine del candidato al ragionamento giuridico. In caso di contrasto giurisprudenziale rilevato dal codice annotato occorre dare atto, senza necessariamente prendere posizione, degli orientamenti a confronto e delle conseguenze che da esse derivano per il cliente.

Il **settimo consiglio** è di **utilizzare i fogli** a disposizione: *i*) per stilare chiaramente uno schema di risoluzione della questione che tenga conto degli elementi di fatto e di diritto (sostanziale e processuale) rinvenibili nella traccia; *ii*) per annotare a fianco degli argomenti eventuali disposizioni da citare, così da non ometterle al momento dell'esposizione; *iii*) per citare gli estremi e la massima giurisprudenziale (o una sua parte) che siano rilevanti in ordine alla risoluzione del caso.

L'**ordine dell'esposizione** è senz'altro condizionato dalla specifica questione che si deve affrontare. In generale, si suggerisce la seguente struttura:

a) *innanzitutto*, è bene riassumere sinteticamente il caso senza dilungarsi eccessivamente. Lo scopo di questa sintesi non è quello di una mera ripetizione del caso (che la Commissione già conosce), ma è di evidenziare i problemi posti dalla traccia e gli elementi di fatto rilevanti e meritevoli di approfondimento.
b) *Inoltre*, si debbono indicare sinteticamente gli istituti rilevanti per la soluzione del caso (così dimostrando di conoscere le nozioni necessarie per comprendere il caso e di saperle illustrare a un potenziale cliente).
c) *In terzo luogo*, va esposto il percorso logico-argomentativo volto a risolvere il caso in applicazione degli istituti sinteticamente esposti e argomentando le diverse soluzioni possibili, con particolare attenzione ai rimedi sostanziali e processuali e alle prove a disposizione del cliente.
d) *Infine*, l'esposizione può concludersi riepilogando sinteticamente la soluzione del caso ed eventualmente rispondendo alle domande proposte dai commissari.

L'**ottavo consiglio** è di **argomentare sempre le soluzioni** della questione senza limitarsi a richiamare l'eventuale massima giurisprudenziale, poiché occorre dimostrare la propria capacità di autonoma elaborazione. Gli strumenti ai quali può farsi ricorso per sostenere una determinata posizione sono molteplici: l'argomentazione letterale, l'argomentazione sistematica, l'argomentazione costituzionale e l'interpretazione conforme alle disposizioni sovranazionali, l'argomentazione *a fortiori* (c.d. "il più comprende il meno" o "*minus dixit quam voluit*"), quella *a contrario* (o "*ubi lex voluit dixit*") e l'argomentazione *a simili* (o analogica). Dal punto di vista stilistico ed espositivo, ciò può avvenire prima argomentando autonomamente la soluzione (o le possibili soluzioni) e poi integrando il proprio ragionamento con l'avallo giurisprudenziale della soluzione prescelta: in questo modo si dimostra non un'acritica adesione alla massima, ma l'esistenza di un riscontro giurisprudenziale a supporto dell'autonoma capacità argomentativa evidenziata dal candidato.

Il **nono consiglio** riguarda invece il **momento espositivo e l'eventuale discussione con i commissari**, con riferimento ai quali: *i*) occorre evitare un'esposizione frettolosa e concentrarsi nello scandire chiaramente le parole; *ii*) è importante non eludere i quesiti posti dalla Commissione, per cui si risponde con precisione alla domanda (così dimostrando di conoscere quanto richiesto) e in séguito si possono aggiungere considerazioni ulteriori. Infatti, non fornire risposte dirette ma dilungarsi eccessivamente in premesse scontate potrebbe ingenerare la convinzione che il candidato temporeggi perché ignora l'argomento; *iii*) è opportuno evitare di fornire risposte in modo nettamente assertivo ("sì" o "no"), ma è essenziale sempre argomentare, saggiamente bilanciando il linguaggio prudente tipico dei pareri con la necessità di fornire un orientamento plausibilmente sicuro al proprio assistito; *iv*) non si debbono affrontare questioni significativamente discusse se non se ne ha una completa padronanza, oltre ad evitare di prendere posizioni nette su ipotesi controverse; *v*) ci si deve esercitare nell'uso di un linguaggio chiaro e preciso e nel ricorso a periodi sintetici, al contempo evitando espressioni atecniche o colloquiali, inutilmente enfatiche o di mero stile (va pertanto bandito il ricorso a termini più del causidico che del professionista forense).

Il **decimo consiglio** riguarda la preparazione in vista della prova, al fine di individuare agevolmente gli istituti rilevanti per la soluzione del caso e di apprendere un linguaggio semplice e al contempo preciso.
Un siffatto linguaggio e un'esposizione lineare ed esaustiva degli istituti si acquisiscono esclusivamente con il ricorso a "strumenti" dotati di tali caratteristiche di linearità, semplicità e precisione.
In particolare, premesso lo studio del codice civile, è vivamente raccomandato rivedere le nozioni di base facendo riferimento a un manuale istituzionale che (per incontestata fama) è connotato da chiarezza,

completezza e sinteticità. Oltre a illustrare gli istituti in modo semplice e preciso, tali strumenti, infatti, presentano anche un ordine logico con cui esporre e affrontare le questioni (lo stesso codice civile contiene gli argomenti secondo un ordine preciso, che può senz'altro agevolare lo studio e la risoluzione dei casi).

In conclusione, l'analisi dei casi prescelti in questa sede consentirà di esercitarsi nell'esposizione degli istituti e nella soluzione delle questioni che li presuppongono, nonché di confrontarsi con le possibili soluzioni prospettate. Oltre a rappresentare una proficua occasione per rivedere in un'ottica più matura talune tematiche del diritto civile, il metodo e i contenuti che si sono segnalati aspirano a costituire una tappa fondamentale nel percorso di consolidamento del metodo espositivo, così da acquisire la necessaria competenza per affrontare la prima prova dell'esame di abilitazione all'esercizio della professione forense.

# QUESITO n. 1

## Tutele del compratore e vizi della cosa venduta

di Pietro Libeccio

*(Cass. Civ., Sez. Un., 25 settembre 2012, dep. 13 novembre 2012, n. 19702, Pres. Preden – Est. Bucciante)*

**Tizio, legale rappresentante della società di trasporti Gamma s.r.l., accompagnato dal dipendente e autista Caio, si reca presso il salone espositivo di Sempronio per acquistare un autocarro. Con l'aiuto del venditore viene individuato un mezzo di trasporto ritenuto adeguato e, eseguiti i normali controlli, Tizio firma il contratto di compravendita, in cui, tra l'altro, dichiara di "accettare il bene come visto e piaciuto".**

**Una volta ritirato il bene, Caio si accorge che l'autocarro produce un fastidioso rumore al raggiungimento della velocità consentita in autostrada.**

**Il giorno stesso Gamma segnala via mail il difetto al venditore. Sempronio, per evitare problemi e discredito commerciale, dopo sei giorni di riflessione, risponde alla mail riconoscendo il vizio e impegnandosi gratuitamente a riparare il bene.**

**Nonostante più tentativi del venditore, la riparazione non riesce.**

**Trascorso un anno e tre giorni dalla denunzia del vizio, insoddisfatto dell'ennesima riparazione fallita, Tizio decide di presentarsi da Sempronio per riconsegnare il veicolo e domandare la restituzione del prezzo oltre al risarcimento del danno.**

**Sempronio si oppone eccependo che Tizio, accettando la riparazione, avrebbe rinunciato a chiedere la risoluzione del contratto e che, comunque, approvando la clausola "visto e**

**piaciuto", avrebbe accettato il bene rinunciando alle possibilità di contestazione. Inoltre, Sempronio fa anche presente che in ogni caso le azioni sarebbero prescritte, non essendo state esercitate nel termine annuale previsto dalla legge.**
**Gamma si rivolge quindi al proprio legale di fiducia affinché illustri oralmente tutti i profili rilevanti per la sua tutela.**

## LETTURA DELLA TRACCIA ED INDIVIDUAZIONE DEI FATTI RILEVANTI.

La questione in esame rientra tra quelle che potrebbero essere risolte dal candidato anche senza ricorrere al codice annotato con la giurisprudenza. Infatti, la maggior parte delle questioni poste dal caso può essere affrontata con l'attenta lettura della traccia e con la semplice consultazione del codice civile. Come si vedrà, la ricerca giurisprudenziale in questo caso è per lo più necessaria al fine di confermare il percorso logico-argomentativo e di mostrare alla commissione la conoscenza delle principali pronunce delle Sezioni Unite in tema di vendita.

I ***problemi giuridici*** posti dalla traccia sono tre e corrispondono alle obiezioni sollevate dal venditore Sempronio: (i) se l'impegno del venditore di riparare il bene importi la rinunzia del compratore all'esperimento delle azioni edilizie (redibitoria ed estimatoria); (ii) se la clausola di accettazione del bene "come visto e piaciuto" escluda ogni garanzia per i vizi della cosa venduta; (iii) se le azioni edilizie siano prescritte ovvero possano essere esercitate da Gamma.

La traccia contiene alcuni ***elementi di fatto*** che non possono essere trascurati: (i) Caio accompagna il legale rappresentante di Gamma nell'acquisto dell'autocarro ed è testimone dei "normali controlli" sul bene effettuati da Tizio e Sempronio; (ii) Caio guida l'autocarro in autostrada ed è testimone del vizio; (iii) sia la denunzia, sia il riconoscimento del difetto e l'impegno del venditore di riparare il bene sono inviati per iscritto tramite posta elettronica; (iv) il riconoscimento del vizio e l'impegno del venditore di eliminarlo sono comunicati dopo 6 giorni dalla consegna del bene, mentre la decisione del venditore di azionare le tutele edilizie avviene dopo un anno e 3 giorni dalla suddetta consegna del bene; (v) la traccia riporta un vero e proprio stralcio della c.d. clausola visto e piaciuto: la traccia, indicando un elemento di fatto, esige implicitamente che il candidato dimostri di saper applicare le regole del codice civile sull'interpretazione contrattuale.

Lo ***scopo*** della questione è chiaramente esplicitato dalla traccia: illustrare tutti i profili rilevanti per la ***tutela*** di Gamma. Ciò che si richiede al candidato è di esaminare le questioni di diritto e di valorizzare gli elementi del fatto per indicare in conclusione le tutele a disposizione di Gamma.

## INDIVIDUAZIONE DEGLI ISTITUTI GIURIDICI E DEI PRINCIPI GIURISPRUDENZIALI RILEVANTI.

### I. LE GARANZIE NELLA VENDITA

Il caso in esame riguarda il contratto di vendita ed è quindi bene premettere alcuni brevi cenni utili per la soluzione del caso.

La vendita è il **contratto tipico** che ha per oggetto il trasferimento della proprietà di una cosa o di un altro diritto verso il corrispettivo di un prezzo ed è disciplinata dagli artt. 1470 -1547 c.c. nonché, per la vendita di beni di consumo, anche dagli artt. 128 e ss. del c. cons.

L'art. **1476** c.c. **individua le principali obbligazioni del compratore** indicando, oltre a quelle di consegnare la cosa al compratore e di fargli acquistare la proprietà della cosa o il diritto (se l'acquisto non è effetto immediato del contratto), anche quella di **garantirlo dall'evizione** (artt. 1483 ss. c.c.) e **dai vizi** della cosa (artt. 1490 ss. c.c.). Si aggiungono poi il dovere di garantire il venditore **dalla mancanza di qualità promesse o essenziali** della cosa (art. 1497 c.c.) e, specificamente per la vendita di cose mobili, anche di **garantire il buon funzionamento della cosa** ove convenzionalmente pattuito (art. 1512 c.c.). Quando la vendita ha ad oggetto beni mobili di consumo, trova applicazione anche la **"garanzia" di conformità del bene al contratto** (artt. 128 ss. c. cons.).

La garanzia per **evizione** (artt. 1483 ss. c.c.) tutela il compratore dalla **privazione, in tutto (evizione totale) o in parte (evizione parziale), del diritto acquistato per effetto dei diritti che un terzo ha fatto valere sulla cosa che ne forma oggetto**. La garanzia per i **vizi** tutela il compratore dai vizi della cosa venduta, ossia da quelle **imperfezioni e anomalie materiali che rendano la cosa inidonea all'uso a cui è destinata o ne diminuiscano in modo apprezzabile il valore** (art. 1490 c.c.). La garanzia per **mancanza delle qualità** promesse o essenziali tutela invece il compratore dalla **mancanza delle caratteristiche del bene venduto che siano state promesse dal venditore o che risultino indispensabili per il suo uso** (art. 1497 c.c.). In caso di consegna di un bene del tutto diverso da quello pattuito (cioè di bene non appartenente al genere convenuto o con vizi tali da renderlo radicalmente diverso da quello dovuto) si realizza invece l'ipotesi giurisprudenziale del c.d. ***aliud pro alio***, non specificamente disciplinata dal codice civile e qualificabile come **inadempimento dell'impegno di trasferire un bene del tipo convenuto**.

## II. I RIMEDI

Nonostante non sia sempre facile distinguere tra i) vizi del bene, ii) mancanza delle qualità promesse o essenziali e iii) *aliud pro alio*, la distinzione è particolarmente rilevante perché **diverse sono le tutele per il compratore**.

In caso di ***vizi della cosa venduta*** il compratore, per beneficiare della garanzia, è tenuto a denunziare il vizio al venditore entro il termine di decadenza di otto giorni dalla scoperta (art. 1495, c. 1, c.c.), salvo che il venditore abbia riconosciuto od occultato il vizio (art. 1495, c. 2, c.c.) dato che, in questi casi, il venditore è già a conoscenza del vizio e non serve quindi che gli venga comunicato. Il compratore è poi tenuto ad esperire i rimedi tipici della garanzia per vizi entro il termine di

prescrizione di un anno dalla consegna del bene (art. 1495, c. 3, c.c.). Tuttavia, anche quando la garanzia è prescritta, il compratore chiamato in causa per l'esecuzione del contratto ha sempre la facoltà di far valere in via di eccezione (e, secondo alcune pronunce, anche in via di domanda riconvenzionale) la garanzia, purché abbia denunciato il vizio entro il termine di decadenza (art. 1495, c. 3, c.c.).
La garanzia per vizi può essere esclusa o limitata dalle parti tranne nel caso in cui il venditore abbia taciuto in mala fede i vizi della cosa (art. 1490, co. 2, c.c.). Peraltro, la garanzia non opera per i vizi conosciuti o facilmente riconoscibili dal compratore (ossia i c.d. vizi *non occulti*) salvo che il venditore abbia dichiarato che la cosa ne era esente (art. 1491 c.c.).
In caso di vizi, il compratore di regola può esperire le c.d. **azioni edilizie** ossia domandare a sua scelta: 1) la risoluzione del contratto (c.d. azione redibitoria) (ottenendo la restituzione del prezzo e delle spese fatte per l'acquisto e, a sua volta, restituendo la cosa, salvo questa sia perita in conseguenza dei vizi), ovvero 2) la riduzione del prezzo (c.d. azione estimatoria o *actio quanti minoris*) (art. 1492 c.c.), scelta che diviene irrevocabile se effettuata tramite domanda giudiziale (art. 1492, c. 2, c.c.). Il rimedio redibitorio è precluso quando per determinati vizi è escluso dagli usi (art. 1492, c. 1, c.c.), quando la cosa consegnata è perita per caso fortuito o per colpa del compratore ovvero quando è stata dallo stesso compratore alienata o trasformata (art. 1492, c. 3, c.c.).
La garanzia per vizi è dovuta per il solo fatto oggettivo della loro esistenza e prescinde quindi dalla colpa del venditore.
Oltre a i rimedi edilizi al compratore è dovuto anche il risarcimento del danno (incluso quello cagionato dai vizi della cosa), salvo che il venditore avesse ignorato senza colpa i vizi del bene (art. 1494 c.c.) e fermo il rispetto dei termini di decadenza e prescrizione di cui all'art. 1495 c.c.

■ In caso di ***mancanza delle qualità promesse o essenziali*** il compratore è ugualmente soggetto al termine di decadenza e di prescrizione previsto per la garanzia per vizi (art. 1497, c. 2, c.c.) ma non beneficia delle azioni edilizie potendo unicamente domandare la **risoluzione** del contratto, secondo le disposizioni generali sulla risoluzione per inadempimento (art. 1453 c.c.), purché il difetto di qualità ecceda i limiti di tolleranza stabiliti dagli usi (e non anche quando il difetto sia meramente di non scarsa importanza, come previsto in via generale dall'art. 1455 c.c.). A differenza delle azioni edilizie, quindi **la risoluzione per mancanza delle qualità promesse o essenziali postula l'inadempimento imputabile a colpa del venditore**.

In caso di ***aliud pro alio*** si applica la disciplina generale dettata in materia di **risoluzione** per inadempimento (artt. 1453 ss. c.c.), il cui termine di prescrizione è quello ordinario di **dieci anni** e non quello annuale previsto per le azioni edilizie.

## III. Le principali pronunce della Cassazione a sezioni unite

L'importanza della garanzia per vizi nella vendita è dimostrata anche da alcune importanti pronunce della Cassazione a sezioni unite (riguardanti l'impegno del venditore di eliminare i vizi, l'onere della prova dei vizi e gli atti interruttivi della prescrizione dei rimedi edilizi) di cui occorre dare conto.

Le **S.U., 21 giugno 2005, n. 13294** hanno affermato che l'**impegno del venditore di eliminare i vizi** della cosa costituisce un'obbligazione ulteriore che si aggiunge a quelle della garanzia per vizi (che, pertanto, non ne sono escluse) e che di regola non ne comporta la novazione oggettiva (salvo risulti in modo non equivoco un intento novativo – art. 1230 c.c.) sicché, in caso di mancata riparazione, il venditore potrà esperire le azioni edilizie. Inoltre, l'impegno del venditore «consente al compratore di essere svincolato dai termini di decadenza e dalle condizioni di cui all'art. 1495 c.c., ai fini dell'esercizio delle azioni edilizie … sostanziandosi tale impegno in un riconoscimento del debito, interruttivo della prescrizione (art. 2944 c.c.)».

Le **S.U., 13 novembre 2012, n. 19702** hanno precisato che mentre l'impegno del venditore di eliminare i vizi della cosa attribuisce al compratore una pretesa ulteriore (quella alla riparazione del bene) che si prescrive nell'ordinario termine decennale, le azioni edilizie invece restano sottoposte alla prescrizione annuale prevista dall'art. 1495 c.c.

Le. **S.U. 3 maggio 2019, n. 11748** hanno affermato che il compratore che esercita le azioni di risoluzione del contratto o di riduzione del prezzo di cui all'art. 1492 c.c. deve **provare l'esistenza dei vizi**. Infatti, la garanzia per vizi non costituisce una prestazione del venditore la cui inattuazione dà luogo a inadempimento dell'obbligazione ma essa consiste in un impegno contrattuale (quello di un esatto obbligo traslativo secondo quanto promesso) la cui inattuazione dà luogo a inadempimento del contratto. Non trova quindi applicazione la ripartizione dell'onere della prova indicata dalle S.U. n. 13533/2001 con riferimento all'inadempimento delle obbligazioni nelle ordinarie azioni contrattuali di adempimento, di risoluzione e di risarcimento del danno (art. 1453 c.c.) bensì il generale criterio di cui all'art. 2697 c.c. secondo cui chi vuol fare valere un diritto in giudizio (come quello alla risoluzione della vendita o alla riduzione del prezzo) deve provare i fatti che ne costituiscono il fondamento (ossia l'esistenza dei vizi denunciati).

Tale ripartizione dell'onere della prova soddisfa anche le esigenze espresse sia dal principio di vicinanza della prova (visto che dopo la consegna è proprio il compratore ad avere la disponibilità del bene e quindi ad essere in grado di accertare il vizio lamentato) sia dal canone *negativa non sunt probanda* (atteso che la prova dell'esistenza del vizio della cosa è una prova positiva, più agevole di quella negativa dell'inesistenza del vizio).
Infine, tale conclusione appare preferibile anche perché più coerente rispetto alle analoghe soluzioni elaborate dalla giurisprudenza in materia di prova dei vizi della cosa nel contratto di appalto (in cui prima dell'accettazione dell'opera il committente può limitarsi ad allegare il vizio ed è l'appaltatore a dover provare di aver eseguito l'opera in conformità al contratto, mentre dopo l'accettazione dell'opera è il committente che ne ha la disponibilità fisica a dover dimostrare l'esistenza di vizi) e nel contratto di locazione (in merito al quale, quando è proposta la domanda di risoluzione, sarà il conduttore che ha

la disponibilità del bene a dover provare l'esistenza del vizio che diminuisce in modo apprezzabile l'idoneità del bene all'uso pattuito).

Le **S.U. 11 luglio 2019, n. 18672**, hanno affermato che, con riferimento all'**interruzione della prescrizione della garanzia per vizi** (art. 1495, c. 3, c.c.), trova applicazione la disciplina generale (art. 2943 ss.), sicché la prescrizione non è interrotta soltanto dall'azione **giudiziale** ma anche dagli altri atti interruttivi **stragiudiziali**.
Infatti, nonostante il tenore letterale dell'art. 1495, c. 3, c.c. faccia riferimento alla prescrizione dell'*azione* (così apparentemente affermando la natura solo processuale dei "rimedi edilizi" e la conseguente possibilità di interrompere la prescrizione unicamente con il suo esercizio giudiziale) la lettera della norma non può dirsi dirimente.
Ciò, innanzitutto, perché l'attuale formulazione diverge da quella adottata nel codice civile del 1865 che, invece, più esplicitamente lasciava propendere per la necessità dell'esperimento dell'azione giudiziale (l'art. 1505, comma 1, cod. civ. abr. prevedeva che "l'azione redibitoria deve proporsi entro un anno dalla consegna").
In secondo luogo, perché nel codice civile (e nelle altre leggi collegate) il termine *azione* è spesso usato in senso atecnico per riferirsi in realtà alla pretesa sostanziale e non può quindi ritenersi decisivo (come ad esempio avviene nell'art. 2947, c. 3, c.c., in cui si parla, con formule equivalenti, di prescrizione dell'azione e di prescrizione del diritto al risarcimento del danno, e nell'art. 132, c. 4, c. cons., là dove, per un verso, si parla di azione e, per altro verso, si parla di "far valere i diritti" collegati ai vizi della cosa venduta).
In terzo luogo, perché l'art. 1497 c. 2, c.c., che estende l'applicazione del termine di prescrizione di cui all'art. 1495 al **diritto** di ottenere la risoluzione e non solo alla relativa **azione** processuale, testimonia che oggetto della prescrizione *ex* 1495 c.c. è in generale il diritto (e non soltanto l'azione).
In quarto luogo, depone in favore della natura anche stragiudiziale e non meramente processuale dei rimedi edilizi il fatto che essi siano **modi di far valere un diritto sostanziale** ossia il "diritto alla garanzia" derivante dal contratto, sicché non sussistono ostacoli ad applicare

integralmente le cause d'interruzione della prescrizione aventi natura sostanziale e non solamente quelle di natura processuale.
Infine, quando si avvale della "garanzia", il compratore fa valere l'inadempimento di una precisa obbligazione del venditore (contemplata dall'art. 1476, n. 3, c.c.) e, conseguentemente, deve ammettersi che lo possa fare attraverso una manifestazione di volontà extraprocessuale, come si desume anche dall'art. 1492, c. 2, c.c., il quale limita la possibilità di scelta tra rimedi solamente quando tale scelta è fatta con la domanda giudiziale.

## PERCORSO LOGICO ARGOMENTATIVO.

Il caso in esame riguarda la vendita di un autocarro tra due professionisti, ossia un contratto di **vendita di cose mobili non di consumo** disciplinato dagli artt. 1470-1499 e 1510-1519 c.c.
In particolare, si è in presenza di un **vizio del bene**, ossia di una anomalia che incide sulla sua utilizzabilità o sul suo valore, vizio disciplinato dagli artt. 1490 ss. c.c. Infatti, il rumore eccessivo che si produce al raggiungimento delle velocità autostradali preclude l'utilizzo dell'autocarro per spostamenti veloci.
Pertanto, **non** si tratta di un ***aliud pro alio*** (perché il bene non è di genere diverso da quello promesso) né di **mancanza delle qualità** promesse o essenziali (atteso che il bene non difetta di caratteristiche promesse o indispensabili per il suo uso).
**Neppure** viene in rilievo la **garanzia di buon funzionamento** (art. 1512 c.c.) dal momento che essa, pur riguardando la vendita di beni mobili, sussiste solo quando prevista dagli usi o pattuita tra le parti, ciò che non risulta (né esplicitamente, né implicitamente) nel caso in esame.
Pertanto, si tratta **innanzitutto di verificare se l'impegno del venditore di eliminare i vizi** (ossia di riparare l'autocarro) **importi rinunzia del compratore agli altri rimedi edilizi** (come sostenuto da Sempronio) e se, in caso di risposta negativa, il compratore possa esperire le azioni edilizie.

Secondo l'orientamento prevalente la **riparazione del bene non è rimedio ordinario nella vendita** di beni mobili non di consumo in quanto: (i) non rientra tra i rimedi per vizi previsti per la vendita in generale (art. 1492 c.c.); (ii) è rimedio previsto solamente in casi specifici ed eccezionali, ad esempio in tema di appalto (art. 1668, c. 1, c.c.), di contratto d'opera (art. 2226, c. 3, c.c.), e, proprio in tema di vendita, nella vendita di beni mobili in generale (in caso di garanzia di buon funzionamento – art. 1512 c.c.) e di mobili di consumo (art. 130 c. cons.), sicché deve ritenersi che *ubi lex voluit dixit, ubi noluit tacuit*; (iii) non può ritenersi rimedio incluso nell'esatto adempimento, essendo la riparazione attività di *facere* qualitativamente diversa dall'impegno traslativo dell'alienante.

L'impegno del venditore di riparare il bene è **quindi un impegno diverso e ulteriore** rispetto agli obblighi del venditore (art. 1476 c.c.), il quale è stato **assunto contrattualmente** da Sempronio nei confronti del compratore Gamma, inoltre, trattandosi di obbligazione a carico del solo proponente, il contratto si è perfezionato con la semplice comunicazione all'acquirente (art. 1333 c.c.) **senza che sia necessaria una sua "accettazione"**.

Se l'impegno del debitore di riparare il bene implicasse la perdita della garanzia per vizi, allora l'impegno avrebbe richiesto non il "mancato rifiuto" del compratore ma la sua accettazione, poiché si tratterebbe non di contratto con obbligazioni a carico del solo proponente ma di contratto a prestazioni corrispettive. Tuttavia, nel caso in esame **non sussistono indicazioni di una volontà abdicativa** da parte della società Gamma, di Tizio, suo legale rappresentante, o anche solo del dipendente Caio.

In ogni caso, l'impegno del venditore non rifiutato dall'acquirente non importa rinunzia all'esercizio delle altre tutele per il compratore, come **testimonia l'art. 130, c. 7, c. cons.**, secondo cui il compratore può chiedere la riduzione del prezzo o la risoluzione del contratto quando la riparazione risulti di fatto impossibile o non sia effettuata entro un congruo termine.

La stessa Corte di Cassazione a Sezioni Unite, chiamata a giudicare un caso simile, ha affermato in ben due occasioni che l'impegno del venditore di eliminare i vizi dà luogo a un'obbligazione ulteriore che si aggiunge a

quella di originaria di garanzia, salvo che nel caso concreto risulti in modo non equivoco una volontà novativa (S.U. n. 13294/2005 e S.U. n. 19702/2012), volontà che, tuttavia, non emerge nel caso in esame.
**Chiarito che l'impegno del venditore di riparare i vizi non esclude di per sé** l'esperimento delle **azioni edilizie**, si tratta di **verificare se l'accettazione del bene "come visto e piaciuto" importi rinunzia a qualsiasi contestazione** circa i vizi del bene, come sostenuto da Sempronio.

Nel caso in esame Tizio ha convenuto di *"accettare il bene come visto e piaciuto"*.
La pattuizione introduce una **limitazione della responsabilità** del venditore, consentita dall'art. 1491 c.c., ma subordinata alla specifica approvazione per iscritto del compratore in quanto trattasi di c.d. **clausola vessatoria** (art. 1341, c. 2, c.c.).
La traccia non precisa se tale requisito sia stato rispettato.
In caso di mancato rispetto dell'onere formale la clausola è nulla e come tale non limita la garanzia per vizi del compratore.
In ogni caso, anche se specificamente approvata per iscritto, la clausola "visto e piaciuto" non sembra escludere interamente la responsabilità del venditore, anche in caso di vizi occulti.
Infatti, il **tenore letterale** della clausola (art. **1362, c. 1**, c.c.) fa riferimento all'accettazione del bene *come visto* e cioè con riferimento a eventuali vizi che potevano essere percepiti (*visti*) al momento della conclusione del contratto e non anche ai vizi occulti, ossia quelli che per definizione non possono essere *visti* e percepiti. Il rumore dell'autocarro non è risultato percepibile al momento dei controlli (… "*eseguiti i normali controlli*" …) contestuali alla stipulazione del contratto ma solamente dopo, al momento del suo utilizzo in autostrada, e come tale si tratta di vizio che non è stato *visto* dal compratore (né poteva esserlo, non rientrando tra i controlli ordinari l'uso del mezzo in autostrada ad elevata velocità).
Inoltre, il **principio di buona fede** (art. **1366** c.c.) esclude che una clausola così sintetica (*visto e piaciuto*) possa essere interpretata nel senso di escludere integralmente ogni tutela a favore del compratore, ciò che invece richiederebbe una **formulazione in grado di**

**manifestare più chiaramente l'intenzione di pattuire una vendita *lato sensu* "a rischio e pericolo" del compratore**.

Infine, lo stesso **comportamento delle parti successivo alla conclusione** del contratto (art. **1362, c. 2**, c.c.) e, in particolare, l'impegno di Sempronio di riparare il vizio, induce a ritenere che le parti intendessero escludere dai vizi potenzialmente garantiti solamente quelli percepibili e non anche quelli occulti, essendo altrimenti inspiegabile la scelta del venditore di garantire con l'aggiuntiva promessa di riparazione un vizio in precedenza escluso dalla garanzia. Del resto, ha concluso analogamente anche la giurisprudenza di legittimità che si è occupata della clausola visto e piaciuto, là dove ha affermato che l'espressione «"vista", se priva di precisazioni rafforzative, inequivocabilmente allude solo ai vizi agevolmente riscontrabili dall'acquirente a primo esame. … Non ricomprende, anche, l'accettazione dei vizi occulti» (Cass. civ., sez. VI, 19 ottobre 2016, n. 21204).

Precisato quindi che l'anomala rumorosità dell'autocarro, in quanto ***vizio occulto*, non può ritenersi escluso dalla garanzia** così come ristretta dalla clausola di accettazione del bene come "visto e piaciuto", si tratta di **verificare se le azioni edilizie siano prescritte ovvero possano essere esercitate** da Gamma.

Fermo che Gamma non può ritenersi decaduta dalla garanzia (sia perché il vizio è stato tempestivamente denunciato via mail immediatamente dopo il ritiro del veicolo, sia perché la denunzia non è necessaria quando il venditore, come in questo caso, abbia riconosciuto il vizio *ex* art. 1495, c. 2, c.c.), l'art. 1495, c. 3, c.c. dispone che le azioni edilizie si prescrivono trascorso un anno dalla consegna, mentre nel caso in esame risultano decorsi "*un anno e tre giorni*".

Tuttavia, l'impegno del venditore di eliminare i vizi – nel caso in esame intervenuto sei giorni dopo la denuncia di Gamma – può sostanziarsi in un **riconoscimento di debito**, interruttivo della prescrizione (art. 2944 c.c.) (come sostenuto dalle S.U. n. 13294/2005) con decorrenza di un nuovo termine annuale di prescrizione (cfr. S.U. n. 19702/2012) e conseguente mancata prescrizione delle azioni.

Del resto, come anche confermato dalle S.U. n. 18672/2019, il termine di prescrizione della garanzia può essere interrotto non solamente dalla proposizione della domanda giudiziale ma anche da ogni altro atto stragiudiziale in grado di interrompere la prescrizione secondo le norme generali, tra cui anche il riconoscimento del diritto (art. 2944 c.c.) il quale, nel caso in esame, è rappresentato dalla *e-mail* con cui il venditore ha riconosciuto il vizio.

## Proposta di soluzione

In conclusione, non sembra che le eccezioni opposte dal venditore Sempronio siano fondate.

L'impegno unilaterale di Sempronio di riparare il bene non esprime alcuna intenzione abdicativa del compratore Gamma alle altre tutele previste in suo favore dal codice civile; l'accettazione del bene come visto e piaciuto non implica anche l'accettazione della parte "non vista" e quindi non esclude la garanzia per i vizi occulti che si siano manifestati dopo gli ordinari controlli; la garanzia del venditore per tali vizi neppure può ritenersi prescritta, essendo intervenuto il riconoscimento del debito di Sempronio interruttivo della prescrizione.
Deve quindi ritenersi che Gamma possa domandare a sua scelta la risoluzione del contratto ovvero la riduzione del prezzo, dimostrando in giudizio l'esistenza del contratto di compravendita (quale titolo del suo diritto) mediante produzione del documento contrattuale, l'esistenza del vizio dell'autocarro (quale fatto costitutivo del rimedio azionato – secondo le S.U. n. 11748/2019) anche mediante testimonianza del dipendente Caio e, infine, il riconoscimento del vizio da parte del venditore, producendo la dichiarazione ricevuta via posta elettronica.
In aggiunta a tali rimedi Gamma potrebbe in ipotesi anche domandare il risarcimento del danno occorsole, in quanto dimostri la colpa del venditore e provi di aver effettivamente subito un danno dalla vendita di un autocarro viziato (ad esempio, la perdita di vecchi e nuovi affari a causa della mancata disposizione di un autocarro per eseguire i lavori).

# QUESITO n. 2

## Usura e tutela del mutuatario

di Pietro Libeccio

*(Cass. Civ., Sez. Un., 10 luglio 2020, dep. 18 settembre 2020, n. 19597, Pres. Mammone – Est. Nazzicone; Cass. Civ., Sez. Un., 18 luglio 2017, dep. 19 ottobre 2017, n. 24675, Pres. Rordof – Est. De Chiara)*

**Nel gennaio 2019 la società Gamma ottiene dalla banca Beta un mutuo (mutuo A) per la copertura di alcune spese correnti, da restituirsi a partire dal gennaio 2020 in 6 rate a scadenza mensile, comprensive di capitale e degli interessi corrispettivi in misura ultralegale pattuiti in forma scritta. Le rate vengono regolarmente pagate dalla società Gamma.**
**Successivamente, nel gennaio 2020 Gamma chiede e ottiene da Beta un secondo finanziamento breve (mutuo B), da restituirsi in due rate, a luglio e a settembre 2020, con interessi (corrispettivi e moratori) pattuiti per iscritto in misura ultralegale.**
**La seconda rata del finanziamento B non viene saldata.**
**Beta chiede e ottiene dal Tribunale l'emissione di un decreto ingiuntivo per il pagamento di quanto dovuto a titolo di capitale e interessi moratori.**
**Per preparare la propria difesa, Gamma chiede ad alcuni esperti contabili una valutazione di entrambi i mutui. Le risultanze evidenziano per il mutuo A la presenza di interessi corrispettivi eccedenti il tasso soglia antiusura nell'ultimo trimestre. Con riferimento al mutuo B si evidenziano invece interessi moratori**

**convenuti in misura superiore alla soglia antiusura ratione temporis rilevante.**
**Gamma si rivolge quindi al proprio legale di fiducia perché illustri le possibilità di difesa.**

## LETTURA DELLA TRACCIA ED INDIVIDUAZIONE DEI FATTI RILEVANTI.

La questione in esame rientra tra le tracce che per essere risolte richiedono di individuare la **giurisprudenza risolutiva del caso**. Pertanto, l'impegno del candidato è ragionevolmente valutato, oltreché sull'individuazione dell'orientamento giurisprudenziale corretto, sulla capacità di argomentare le soluzioni accolte dalla giurisprudenza e di impostare correttamente la difesa del cliente.

Poiché l'argomento è piuttosto specifico e in parte esula dalla "materia regolata dal codice civile", lo sforzo che può ragionevolmente essere preteso e testato con la traccia in esame è quello di argomentare a partire dalla *ratio* delle disposizioni e dalle massime delle Sezioni Unite rilevanti per la risoluzione del caso. L'esposizione è quindi limitata ai profili maggiormente di carattere generale, senza considerare questioni esclusivamente settoriali (quali, ad esempio, il valore delle rilevazioni della Banca d'Italia, la formula di calcolo dell'usura etc.), per le quali si rimanda alla lettura delle sentenze appresso citate.

I ***problemi giuridici*** posti dalla traccia sono due: (i) se l'usura sopravvenuta sia rilevante e importi la sanzione di cui all'art. 1815, c. 2, c.c.; (ii) se anche gli interessi moratori siano soggetti alle norme di contrasto all'usura e quali siano le conseguenze in caso di interessi moratori usurari.

Oltre ai profili di diritto sostanziale, occorre prestare attenzione anche agli ***elementi di fatto e processuali***, che devono essere valorizzati al fine di impostare correttamente la difesa (anche processuale) di Gamma: in particolare, (i) la possibilità di opporsi al decreto ingiuntivo,

(ii) la mediazione obbligatoria prevista per le cause in materia di contratti bancari, (iii) la perizia tecnico-contabile quale modo di allegazione specifica del fenomeno usurario.

## INDIVIDUAZIONE DEGLI ISTITUTI GIURIDICI E DEI PRINCIPI GIURISPRUDENZIALI RILEVANTI.

### I. Aspetti preliminari

Il caso in esame riguarda principalmente la rilevanza dell'usura ai fini civili.

In generale, la mancata disponibilità del denaro costituisce per il creditore un costo che è remunerato con il pagamento di interessi c.d. corrispettivi perché dovuti come corrispettivo per il godimento del denaro (art. 1282 c.c.), salvo che il finanziamento sia a titolo gratuito (da evidenziare che il mutuo si presume oneroso, a meno che non risulti una diversa volontà delle parti *ex* art. 1815 c. 1 c.c.).
Là dove la somma di danaro dovuta non sia restituita o corrisposta entro il termine previsto dalla legge o dal contratto, «anche se non erano dovuti precedentemente e anche se il creditore non prova di aver sofferto alcun danno» sono dovuti dal debitore in mora i c.d. interessi moratori, ossia quegli interessi che hanno la funzione di risarcire il danno da ritardo nella restituzione subito dal creditore mediante una sua liquidazione forfettaria minima (art. 1224 c.c.).

Dagli interessi corrispettivi e da quelli moratori si distinguono i c.d. interessi compensativi (art. 1499 c.c.), ossia quegli interessi che in caso di vendita decorrono fino al giorno del pagamento del prezzo per 'compensare' equitativamente il venditore dell'anticipata privazione del bene consegnato senza ricevere immediatamente il corrispettivo.
La pattuizione di interessi incontra alcuni limiti previsti imperativamente dalla legge. Innanzitutto, gli interessi pattuiti in misura superiore a quella legale (c.d. interessi ultralegali) devono essere determinati per iscritto, essendo altrimenti dovuti nella misura legale

(art. 1284, c. 3, c.c.). In secondo luogo, è vietato pattuire la produzione di interessi sugli interessi (c.d. anatocismo) al di là degli stretti limiti previsti dalla legge (ossia, salvo usi contrari, gli interessi scaduti possono produrre interessi solo dal giorno della domanda giudiziale o per effetto di convenzione posteriore alla loro scadenza, e sempre che si tratti di interessi dovuti almeno per sei mesi) (art. 1283 c.c.). In terzo luogo, non è ammessa la pattuizione di interessi usurari (art. 644 c.p.).

## II. L'USURA

Gli interessi sono usurari o quando superino la misura individuata dalla legge (c.d. usura oggettiva) ovvero quando, pur non superando tale soglia, in concreto risultino sproporzionati e richiesti a persona in condizioni di difficoltà economica o finanziaria (c.d. usura soggettiva).
Con riferimento all'usura oggettiva, la soglia oltre la quale gli interessi sono usurari è definita nei modi di cui all'art. 2 della l. n. 108/1996, ossia mediante rilevazione periodica dei tassi praticati dagli operatori del settore, la cui media è aumentata di alcuni punti percentuali per garantire un certo margine di flessibilità. Si è peraltro specificato con legge d'interpretazione autentica che «… si intendono usurari gli interessi che superano il limite stabilito dalla legge nel momento in cui essi sono promessi o comunque convenuti, a qualunque titolo, indipendentemente dal momento del loro pagamento» (art. 1, c. 1, d.l. n. 394/2000, conv. in l. n. 24/2001).
La sanzione civile prevista per la pattuizione di interessi usurari è che «la clausola è nulla e non sono dovuti interessi» (art. 1815, c. 2, c.c.).

Il tema dell'usura ha assunto negli anni un'importanza crescente tanto da richiedere l'intervento delle Sezioni Unite della Corte di Cassazione per risolvere alcuni contrasti in ordine 1) all'applicazione della disciplina sull'usura anche agli interessi moratori (oltreché a quelli corrispettivi); 2) all'applicazione della disciplina sull'usura anche ai casi in cui il tasso d'interesse superi il tasso antiusura nel corso del rapporto, ossia successivamente alla conclusione del contratto che concede il finanziamento (c.d. usura sopravvenuta).

## III. USURA SOPRAVVENUTA E INTERESSI MORATORI

Le Sezioni Unite (**Cass. Sez. un., 19 ottobre 2017 n. 24675**) hanno affermato che «Allorché il tasso degli interessi concordato tra mutuante e mutuatario superi, nel corso dello svolgimento del rapporto, la soglia dell'usura come determinata in base alle disposizioni della legge n. 108 del 1996, non si verifica la nullità o l'inefficacia della clausola contrattuale di determinazione del tasso degli interessi stipulata anteriormente all'entrata in vigore della predetta legge, o della clausola stipulata successivamente per un tasso non eccedente tale soglia quale risultante al momento della stipula; né la pretesa del mutuante di riscuotere gli interessi secondo il tasso validamente concordato può essere qualificata, per il solo fatto del sopraggiunto superamento di tale soglia, contraria al dovere di buona fede nell'esecuzione del contratto».

Successivamente, le Sezioni Unite (**Cass. Sez. un., 18 settembre 2020, n. 19597**) hanno affermato che «la disciplina antiusura si applica agli interessi moratori, intendendo essa sanzionare la pattuizione di interessi eccessivi convenuti al momento della stipula del contratto quale corrispettivo per la concessione del denaro, ma anche la promessa di qualsiasi somma usuraria sia dovuta in relazione al contratto concluso» e che in caso di interessi moratori pattuiti in misura superiore al tasso soglia antiusura «si applica l'art. 1815 c.c., comma 2, onde non sono dovuti gli interessi moratori pattuiti, ma vige l'art. 1224 c.c., comma 1, con la conseguente debenza degli interessi nella misura dei corrispettivi lecitamente convenuti».

## PERCORSO LOGICO ARGOMENTATIVO.

Il caso innanzitutto richiede di verificare se, **con riferimento al mutuo A**, il pagamento di interessi corrispettivi divenuti usurari nell'ultimo trimestre sia rilevante ai fini dell'applicazione dell'art. 1815 c.c.
La questione è stata specificamente esaminata dalle S.U. n. 24675/2017, le quali hanno escluso che possa qualificarsi usurario il tasso d'interesse che fosse al di sotto della soglia antiusura al momento della pattuizione

e che abbia superato tale soglia solamente nel corso del rapporto, ossia in un momento successivo.
In tal senso depone innanzitutto un argomento letterale: l'art. 1 della legge d'interpretazione autentica della l. n. 108/1996 (ossia il d.l. n. 394/2000 conv. in l. n. 24/2001) attribuisce rilevanza all'usura soltanto al «*momento in cui gli interessi sono convenuti, indipendentemente dal momento del loro pagamento*» con ciò escludendo la rilevanza dei fattori successivi alla stipulazione del contratto. Il divieto di usura non esprime quindi un divieto di pretendere il tasso superiore alla soglia antiusura ma solamente di convenirlo, limitandosi così a definire un meccanismo di determinazione del tasso oltre il quale gli interessi sono considerati sempre usurari al momento della pattuizione.

Inoltre, questa interpretazione è confermata anche dalla *ratio* della disciplina antiusura consistente nel **contrastare le cause volontarie dell'usura** (cioè la pattuizione di interessi usurari) e non anche nel sanzionare quelle cause non dipendenti dalla volontà dei finanziatori ma dall'andamento del mercato dei prestiti. Infatti, il tasso soglia è dato dalla rilevazione periodica dei tassi medi praticati dagli operatori del settore (con le opportune maggiorazioni) sicché il tasso rilevato consiste in un effetto dell'andamento del mercato e non in una sua causa (da rinvenirsi invece nella pattuizione di interessi eccedenti il tasso antiusura al momento della concessione dei finanziamenti).
In terzo luogo, come anche precisato dalle stesse Sezioni Unite, neppure può ipotizzarsi la contrarietà a buona fede della pretesa di interessi eccedenti il tasso soglia. Del resto, l'art. 1375 c.c. non punisce l'esercizio in sé del diritto bensì le particolari modalità di tale esercizio in concreto, sicché sembra escluso che sia da qualificare scorretta la pretesa in sé di quegli interessi in quanto corrispondenti a un diritto validamente riconosciuto dal contratto.

Infine, la soluzione è coerente con quanto affermato anche dalla Cassazione penale che, quando ha avuto occasione di pronunciarsi sul tema, ha escluso la rilevanza (penale) dell'usura sopravvenuta (cfr. Cass. pen., Sez. V, n. 8353/2013).

Ne consegue che gli interessi divenuti in corso di rapporto eccedenti rispetto al tasso soglia rilevato non possono qualificarsi usurari e non rendono la pattuizione invalida, inefficace o inesigibile. Nessuna lesione dei diritti di Gamma può quindi rinvenirsi con riferimento al primo mutuo (*mutuo A*).

**Con riferimento al secondo finanziamento (mutuo B)** si pone in primo luogo il problema di verificare se il tasso di mora possa essere qualificato come usurario. Infatti, mentre gli interessi corrispettivi, in quanto aventi funzione remunerativa del credito, possono senz'altro essere usurari, gli interessi moratori invece hanno funzione e causa risarcitoria e natura meramente eventuale, in quanto corrisposti solamente in caso di inadempimento del debitore. Essendo gli interessi moratori un risarcimento forfettario e predeterminato del danno subito dal creditore per la mancata restituzione e disponibilità del capitale prestato (in ciò svolgendo una funzione assimilabile a quella della clausola penale), il rimedio sistematicamente più corretto sembrerebbe non la gratuità del mutuo di cui all'art. 1815 c.c. ma la riduzione della loro misura ove manifestamente eccessiva, secondo quanto ammesso dall'art. 1384 c.c.
La questione è stata specificamente esaminata dalle S.U. n. 19597/2020 che hanno invece confermato l'applicazione della disciplina antiusura anche agli interessi moratori.
A tale conclusione si giunge interpretando le disposizioni sul contrasto all'usura alla luce della loro funzione (c.d. interpretazione teleologica). In particolare, la funzione delle disposizioni di contrasto all'usura non è solamente quella di tutelare il debitore da oppressioni inique e di reprimere la criminalità economica. Funzione della normativa antiusura è anche quella di assicurare la "sana e prudente gestione" dell'attività creditizia (cfr. art. 5 d.lgs. n. 58/1998) prevenendo la conclusione di operazioni così rischiose da rendere necessaria la pattuizione di **interessi fuori mercato**. Infatti, si è già detto che il tasso soglia è dato dalla rilevazione periodica dei tassi medi praticati dagli operatori del settore per categoria di operazioni, con le opportune maggiorazioni per concedere un margine di oscillazione.

Pertanto, in considerazione della *ratio* del divieto di usura e delle finalità con esso perseguite deve ritenersi preferibile e maggiormente coerente con esse la tutela accordata dalla disciplina sull'usura rispetto a quella prevista in via generale per le clausole penali.

Infatti, tutelare il debitore con la riduzione *ex* art. 1384 c.c. porterebbe a una **riduzione casistica e difforme sul piano nazionale** e condurrebbe al **mero abbattimento dell'interesse pattuito al tasso soglia** (così attenuando la funzione pubblicistica delle norme sull'usura). Invece, sembra realizzare una maggiore protezione del debitore la scelta di applicare l'art. 1815, co. 2, c.c. con la conseguenza che non sono dovuti gli interessi moratori usurari convenuti.
Il mutuo non si trasforma da oneroso in gratuito. Trova piuttosto applicazione l'art. 1815, c. 2, c.c. in una lettura interpretativa coerente con la funzione sanzionatoria dell'usura e allo stesso tempo **non premiale per il debitore inadempiente** (il quale, altrimenti, sarebbe più avvantaggiato del debitore adempiente, che dovrebbe invece provvedere al pagamento del tasso corrispettivo non usurario). Infatti, si ritengono non dovuti solamente gli interessi che hanno superato la soglia antiusura (ossia quelli moratori convenzionali).

Pertanto, ove l'interesse corrispettivo sia lecito, e solo il calcolo degli interessi moratori applicati comporti il superamento della soglia usuraria, solo questi ultimi sono illeciti e preclusi. Ne consegue che verrà in rilievo l'art. 1224, c. 1, c.c. con la conseguente applicazione degli interessi moratori nella misura prevista per gli interessi corrispettivi lecitamente pattuiti. Infatti, caduta la clausola degli interessi moratori, resta comunque un danno per il creditore insoddisfatto, che richiede l'applicazione della regola comune, secondo cui il danno da inadempimento di un'obbligazione pecuniaria viene automaticamente ristorato con la stessa misura degli interessi corrispettivi, già dovuti, per il tempo dell'adempimento, in relazione alla concessione ad altri della disponibilità del denaro.
Ciò in quanto la nullità della clausola sugli interessi moratori non porta con sé anche quella degli interessi corrispettivi: onde anche i moratori saranno dovuti in minor misura, in applicazione dell'art. 1224 c.c., sempre che – si ripete - quelli corrispettivi siano lecitamente convenuti.

L'interpretazione ora esposta assicura al debitore una più compiuta tutela, incentiva la prudente gestione dell'attività di concessione del credito e, allo stesso tempo, non premia il debitore inadempiente rendendo più conveniente l'inadempimento rispetto all'adempimento.

## Proposta di soluzione

In conclusione, sembra che Gamma possa difendersi limitatamente al mutuo B (e non anche con riferimento al mutuo A, stante l'irrilevanza della c.d. usura sopravvenuta) con atto di citazione in opposizione al decreto ingiuntivo (art. 645 c.p.c.) in cui eccepisca la nullità della clausola determinativa degli interessi moratori per violazione delle norme antiusura. A tal fine occorrerà anche produrre la perizia tecnico-contabile ottenuta da Gamma quale modo di allegazione specifica della domanda (art. 163 c.p.c.), nonché tutti gli atti da cui risultino i tassi soglia per i periodi interessati. Inoltre, potrà richiedere fondatamente la sospensione della provvisoria esecuzione dello stesso decreto.

Infine, là dove il creditore opposto (ma attore sostanziale) non attivi il procedimento di mediazione obbligatoria (ai sensi dell'art. 5, c. 1-bis, d.lgs. n. 28/2010, come chiarito dalle S.U. 18 settembre 2020, n. 19596), Gamma potrà eccepire l'improcedibilità e ottenere la revoca del decreto opposto.

# QUESITO n. 3

## Responsabilità civile dell'esercente la professione sanitaria e della struttura ospedaliera

di Pietro Libeccio

*(Cass. Civ., Sez. III., 3 luglio 2019, dep. 11 novembre 2019, n. 28989, Pres. Amendola – Est. Dell'Utri)*

**Nel gennaio 2020 Tizio, importante trader finanziario, si sottopone a un intervento di chirurgia estetica al naso presso l'Ospedale.**
**L'operazione è eseguita correttamente ma, al suo risveglio, si manifesta una possibile complicazione di cui Tizio non era stato informato e che lo costringe in ospedale per una degenza di alcune settimane, per un periodo pertanto maggiore di quello previsto e prospettato dal medico in sede di programmazione dell'intervento.**
**A causa della degenza Tizio, con profonda sofferenza, non riesce ad assistere la moglie Caia durante il primo ciclo di cure antitumorali ed è anche costretto ad interrompere alcune vantaggiose trattative contrattuali perdendone così i guadagni.**
**Terminata la degenza, Tizio esce dall'ospedale ma, attraversando la strada sulle strisce pedonali, viene investito da un conducente in stato di ubriachezza. Tizio dopo una lucida –ma breve – agonia decede per le lesioni riportate a causa dell'urto.**
**La perizia medico legale eseguita su richiesta di Caia chiarisce che la complicazione post-operatoria subita da Tizio è solita**

**verificarsi, in caso di corretta esecuzione dell'operazione, nell'85% dei casi.**
**Caia si rivolge dunque al proprio legale di fiducia affinché le illustri oralmente tutte le questioni rilevanti per la sua tutela.**

## LETTURA DELLA TRACCIA ED INDIVIDUAZIONE DEI FATTI RILEVANTI.

La questione in esame richiede al candidato di mostrare la conoscenza della responsabilità civile con riferimento sia ai profili sostanziali, sia a quelli processuali, tanto teorici quanto pratico-applicativi. La particolare importanza che gli elementi di fatto hanno nella materia della responsabilità civile, specialmente extracontrattuale, esige anche che il candidato dimostri la capacità di valorizzare le circostanze e di volgerle a favore del cliente argomentando persuasivamente le possibili soluzioni.

I ***problemi giuridici*** posti dalla traccia consistono: (i) nell'individuazione dei titoli di responsabilità dei soggetti coinvolti, nella giustificazione della loro ricorrenza e nella illustrazione della relativa disciplina; (ii) nell'individuazione dei danni patrimoniali e non patrimoniali risarcibili.

La traccia contiene alcuni ***elementi di fatto*** che occorre valorizzare e, in particolare: (i) la data del fatto, che rileva al fine di individuare la disciplina applicabile *ratione temporis*; (ii) la professione di Tizio (importante *trader* finanziario); (iii) il prolungamento della degenza ospedaliera; (iv) la perdita di alcuni affari programmati; (v) la mancata assistenza a Caia nel doloroso momento di inizio delle cure; (vi) l'attraversamento sulle strisce pedonali; (vii) lo stato di ubriachezza dell'investitore; (viii) la lucida agonia prima del decesso.

Lo ***scopo*** della questione è chiaramente esplicitato dalla traccia: illustrare tutti i profili rilevanti per la ***tutela*** di Caia.

# INDIVIDUAZIONE DEGLI ISTITUTI GIURIDICI E DEI PRINCIPI GIURISPRUDENZIALI RILEVANTI.

## II. ASPETTI PRELIMINARI

Il caso in esame riguarda prevalentemente alcuni problemi di responsabilità civile dell'esercente la professione sanitaria e dell'ospedale. Occorre quindi premettere alcuni brevi cenni sulla responsabilità civile dell'esercente la professione sanitaria in quanto strumentali alla soluzione del caso.
Tra i diritti principalmente esposti a lesione in ambito sanitario spiccano quello alla salute e quello all'autodeterminazione terapeutica.
L'ordinamento garantisce a livello costituzionale e sovranazionale sia il diritto alla salute, individuale e collettiva, inteso come diritto al rispetto dell'integrità psico-fisica della persona (artt. 2 e 32 Cost. e art. 2 Cedu), sia il diritto all'autodeterminazione terapeutica, diritto distinto da quello alla salute ma ad esso strumentale, consistente nel diritto a scelte libere ed informate sulla propria salute (artt. 2, 13, 23 e 32 Cost. e art. 3 Carta di Nizza).
Il diritto all'autodeterminazione terapeutica trova altresì fondamento a livello di legislazione primaria nella l. n. 219/2017 (il cui art. 1 eleva il consenso libero e informato a necessario fondamento di ogni trattamento e sancisce il diritto al rifiuto delle cure) e si distingue da quello alla salute potendo non essere vulnerata la salute (intesa come oggettivo stato di benessere clinico) ma lesa l'autodeterminazione (là dove il trattamento sanitario, pur positivamente eseguito, sia in concreto avvenuto senza il consenso libero e informato del paziente).

## II. LA RESPONSABILITÀ DELL'ESERCENTE LA PROFESSIONE SANITARIA E DELLA STRUTTURA OSPEDALIERA

In ambito sanitario la tutela del diritto alla salute e all'autodeterminazione terapeutica è disciplinata principalmente dalla l. n. 24/2017 (c.d. legge Gelli Bianco) che prevede il risarcimento del

danno che consegua alla loro lesione (art. 7 l. n. 24/2017). La disposizione prevede sia la responsabilità extracontrattuale dell'esercente la professione sanitaria (art. 2043 c.c.), sia la concorrente responsabilità contrattuale della struttura sanitaria che, accettando il paziente presso la propria struttura, si sia impegnata ad offrirgli le cure e si sia avvalsa dell'operato dei medici per l'adempimento del contratto (atipico) di spedalità (artt. 1218 e 1228 c.c.), e ciò anche quando i professionisti siano scelti dal paziente o non siano dipendenti della struttura.
Tale regime di responsabilità si applica anche alle «prestazioni sanitarie svolte in regime di libera professione intramuraria ovvero nell'ambito di attività di sperimentazione e di ricerca clinica ovvero in regime di convenzione con il Servizio sanitario nazionale nonché attraverso la telemedicina» (art. 7, c. 2, l. n. 24/2017).

Invece, nel caso in cui il paziente stipuli un contratto unicamente con il medico che operi nello studio privato, sussisterà unicamente la responsabilità contrattuale dell'esercente la professione sanitaria.

Al **diverso titolo di responsabilità** (extracontrattuale del medico e contrattuale dell'ospedale) segue una diversa disciplina: per pretendere il risarcimento in via extracontrattuale si richiede di agire entro il termine di prescrizione (generalmente) quinquennale (art. 2947 c.c.) e di provare la colpa, il danno e la causalità con la condotta (artt. 2697 e 2043 c.c.) mentre, per pretendere il risarcimento in via contrattuale si richiede di agire entro il più favorevole termine decennale di prescrizione ordinaria (art. 2946 c.c.), di provare il rapporto contrattuale e il danno nonché di allegare specificamente l'inadempimento (art. 1218 c.c.; Cass., S.U. n. 13533/2001; in senso parzialmente diverso da ultimo Cass. civ., sez. III, 11 novembre 2019, nn. 28991 e 28992).

Ai fini della determinazione del danno risarcibile il giudice tiene anche conto della condotta dell'esercente la professione sanitaria e, in particolare, del rispetto delle linee guida mediche pubblicate da enti qualificati e, in loro mancanza, delle buone pratiche clinico-assistenziali (di cui all'art. 5 l., n. 24/2017), nonché dell'art. 590-*sexies*,

2° co., c.p. (art. 7, c. 3, l. n. 24/2017), in base al quale "Qualora l'evento si sia verificato a causa di imperizia, la punibilità è esclusa quando sono rispettate le raccomandazioni previste dalle linee guida come definite e pubblicate ai sensi di legge ovvero, in mancanza di queste, le buone pratiche clinico-assistenziali, sempre che le raccomandazioni previste dalle predette linee guida risultino adeguate alle specificità del caso concreto".

Il danno conseguente all'attività della struttura sanitaria e dell'esercente la professione sanitaria è quantificato sulla base delle tabelle emanate ai sensi degli articoli 138 (c.d. tabella del danno da lesioni macropermanenti) e 139 (c.d. tabella del danno da lesioni micropermanenti o di lieve entità) del codice delle assicurazioni private (*ex* art. 7, c. 4, l. n. 24/2017). Non essendo ancora stata emanata la tabella per le lesioni macropermanenti (di cui all'art. 138 c.d.a), si è soliti ricorrere alla determinazione equitativa del danno (art. 1226 c.c.) riferendosi alle indicazioni quali-quantitative contenute nelle c.d. Tabelle di Milano ovvero ad altre tabelle in uso nel Tribunale in cui si celebra il processo. Si tratta di strumenti adottati in via di prassi da operatori del settore e non di atti normativi o amministrativi. Tuttavia, la Corte di Cassazione in una nota sentenza (Cass. n. 12408/2011) ha indicato le Tabelle come strumento a cui il giudice deve attenersi per procedere a una corretta liquidazione in via equitativa del danno non patrimoniale, salvo potersene discostare mediante una congrua. motivazione. Infatti, secondo la Cassazione, l'equità, essendo il contrario dell'arbitrio, non esige soltanto una "regola del caso concreto" ma pretende anche la "parità di trattamento", che può essere garantita solo ricorrendo a criteri tendenzialmente uniformi per la liquidazione del danno non patrimoniale (ciò che può avvenire ricorrendo alle Tabelle maggiormente diffuse).

## PERCORSO LOGICO ARGOMENTATIVO.

Tanto premesso, nel caso in esame **Tizio** pare aver subito sia una lesione del diritto all'autodeterminazione, sia una lesione del diritto

all'integrità fisica, mentre **Caia** si suppone abbia ricevuto una lesione del rapporto coniugale.
Infatti, oltre alle lesioni cagionate dall'urto con il veicolo una volta uscito dall'ospedale, lesioni poi sfociate nella morte (*vulnus* dell'**integrità personale**), deve ritenersi che Tizio non avrebbe prestato il consenso all'operazione in quel momento se fosse stato informato della lunga degenza (lesione dell'**autodeterminazione**), stante l'improrogabilità sia degli affari derivanti dal suo impegnativo lavoro (che infatti sono stati persi e non meramente rinviati), sia delle cure necessarie per la moglie Caia, alla quale il medesimo avrebbe desiderato stare accanto.

Tale danno (**all'autodeterminazione**) deve ritenersi imputabile **in via extracontrattuale all'esercente** la professione sanitaria che ha programmato ed eseguito l'operazione e che avrebbe dovuto informare il paziente delle possibili complicanze (art. 2043 c.c.) e **in via contrattuale all'ospedale** che si è avvalso della sua opera (artt. 1218 e 1228 c.c.) (art. 7 l. n. 24/2017).
In particolare, nel caso in esame pare ricorrano **tutti i presupposti della responsabilità extracontrattuale** del **medico** (art. 2043 c.c.).
Risultano infatti sussistenti, oltre all'evento dannoso consistente nella lesione dell'autodeterminazione, anche la colpa grave del professionista (art. 1176, c. 2, c.c.) (desumibile dall'alta probabilità di verificazione della complicanza accertata dalla perizia e quindi dall'omessa acquisizione di un consenso "informato) e il nesso di causalità materiale tra la condotta e la lesione (dato che, secondo la c.d. prova di resistenza, Tizio non avrebbe prestato il consenso a operarsi in un periodo così pieno di impegni lavorativi e familiari).

Per effetto dell'art. **1228** c.c. la responsabilità del sanitario è **estesa alla struttura sanitaria** che, essendosi avvalsa del medico, sarà responsabile di tali inadempienze in via contrattuale (art. 1218 c.c.).
Oltre alle lesioni imputabili all'ospedale, deve ritenersi che Tizio abbia subito anche una lesione all'**integrità fisica cagionata dall'investimento** ad opera del conducente in stato di ebbrezza, senza

che possa rimproverarsi un concorso di colpa del danneggiato stante l'attraversamento sulle strisce pedonali.

Con riferimento alla lesione all'integrità fisica di Tizio, **sussistono gli estremi della responsabilità da circolazione di veicoli** (art. 2054 c.c.) sia del conducente in stato di ebbrezza (la cui condizione non consente di dimostrare la prova liberatoria "di aver fatto tutto il possibile per evitare il danno" – art. 2054, c. 1, c.c.), sia quella in via solidale e oggettiva del proprietario del veicolo (ove diverso dal conducente, se non provi che la circolazione sia avvenuta contro la sua volontà – art. 2054, c. 3, c.c.).
Caia potrà, dunque, pretendere il risarcimento dei danni patrimoniali e non patrimoniali (rilevanti *ex* art. 2059 c.c. in quanto connessi, oltre che al dato normativo ordinario, anche ad interessi di rango costituzionale) causati dalla lesione del diritto all'autodeterminazione sia nei confronti del medico, sia nei confronti dell'ospedale, anche congiuntamente, trattandosi di soggetti solidamente responsabili (art. 2055 c.c.). In ogni caso, agendo solamente nei confronti della struttura sanitaria, Caia potrà beneficiare del più favorevole regime disciplinare (in punto di prescrizione e di onere della prova) derivante dalla responsabilità contrattuale dell'ospedale.

In secondo luogo, Caia potrà pretendere il risarcimento dei danni patrimoniali e non patrimoniali (ex art. 185 c.p. in quanto conseguenti ad una fattispecie penalmente rilevante) causati dalla lesione del diritto all'integrità fisica di Tizio (*iure hereditatis*) e a sé causati dalla lesione del rapporto coniugale, sia nei confronti del conducente, sia nei confronti del proprietario (se diverso dal precedente), anche congiuntamente, trattandosi di soggetti solidamente responsabili (art. 2055 c.c.)
**I danni, di cui Caia potrà pretendere il risarcimento, sono** sia *iure proprio* (ossia in qualità di soggetto danneggiato per la perdita del rapporto coniugale) sia *iure hereditatis* (ossia in qualità di erede del danneggiato principale) e, tra essi, sia di natura patrimoniale, sia di natura non patrimoniale.

Con riferimento ai danni risarcibili **“iure proprio”** da Caia occorre distinguere i danni di natura patrimoniale (art. 1223 c.c.) dal danno non patrimoniale (art. 2059 c.c.).

■ Quanto alle **conseguenze patrimoniali** derivanti dalla morte di Tizio pare ragionevole ritenere che Caia possa dimostrare un danno consistente nella perdita del contributo monetario che il marito apportava in adempimento del dovere di assistenza matrimoniale (art. 143 c.c.) e degli altri contributi che si dimostri esserle stati destinati ricorrentemente a titolo di elargizione liberale (presumendosi che sarebbero continuati se Tizio non fosse deceduto). Inoltre, sempre sotto il profilo patrimoniale, Caia potrà domandare il ristoro delle spese necessarie per il funerale.
Tali voci di danno potranno essere **dimostrate con ogni mezzo di prova**, anche per **presunzioni** (art. 2727 c.c.), **ed eventualmente liquidate in via equitativa** dal giudice (art. 1226 c.c.) in caso di difficoltà nella quantificazione.

■ Con riferimento al **danno non patrimoniale** risarcibile “iure proprio” Caia potrà domandare il ristoro del danno **da perdita del rapporto coniugale**, trattandosi di un pregiudizio derivante dal reato di omicidio colposo (artt. 589 e 185 c.p.) e comunque di pregiudizio a un interesse costituzionalmente rilevante (quello al rapporto familiare – artt. 2 e 29 Cost.) il quale, dunque, secondo un’interpretazione costituzionalmente orientata dall’art. 2059 c.c. (che ammette il risarcimento del danno non patrimoniale anche nei casi di lesione di un interesse di rilevanza costituzionale), deve ritenersi incluso tra i diritti per la cui lesione è legalmente previsto il risarcimento (Cass. Sez. Un. n. 26972/2008).
In sintesi, Caia potrà ottenere il risarcimento del danno non patrimoniale per la perdita del rapporto coniugale in quanto provi l’esistenza effettiva di un pregiudizio non patrimoniale (sia morale, sia esistenziale), eventualmente anche in via presuntiva (art. 2727 c.c.).

■ Con riferimento ai **danni risarcibili “iure hereditatis”**, deve ritenersi che Caia, in qualità di erede di Tizio, possa domandare il

ristoro del danno patrimoniale e non patrimoniale patito dal marito come conseguenza della lesione all'autodeterminazione e per la lesione dell'integrità.
Innanzitutto, sembra che Caia possa domandare *iure hereditatis* il risarcimento del **danno patrimoniale** subito da Tizio per la perdita degli affari subita a causa del prolungamento non programmato della degenza (art. 1223 c.c.).

Quanto al **danno non patrimoniale derivante dalla lesione dell'autodeterminazione** può presumersi (art. 2727 c.c.) che Tizio abbia subito un danno morale, ossia la notevole sofferenza patita per non aver potuto assistere la moglie durante le cure, trattandosi di momento particolarmente doloroso che Tizio aveva programmato di condividere con Caia, anche in ossequio al dovere di assistenza morale familiare (art. 143 c.c.).
Inoltre, sempre *iure hereditatis* Caia potrà ottenere il risarcimento del **danno non patrimoniale derivante dall'incidente stradale**, dato che Tizio, essendo deceduto in lucida agonia e cioè in modo consapevole della propria imminente fine, deve ritenersi abbia subito un **danno morale terminale** (e non anche biologico terminale, essendo deceduto quasi immediatamente), danno che può infatti configurarsi quando – come nel caso di specie –, pur intercorrendo un breve lasso temporale tra la lesione dell'integrità fisica e la morte, il danneggiato patisca una lucida agonia (Cass. civ., Sez. un., n. 15350/2015 e Cass. civ., sez. III, 11 novembre 2019, n. 28989).

L'ammontare del danno risarcibile, patrimoniale e non patrimoniale, potrà essere **liquidato equitativamente** dal giudice (art. 1226 c.c.) e, con riferimento al danno non patrimoniale, secondo l'orientamento accolto dalla giurisprudenza prevalente ciò avverrà in mancanza delle tabelle di cui all'art. 138 c.d.a. (richiamate per la responsabilità medica dall'art. 7 della l. n. 24/2017) mediante riferimento ai **parametri** indicati dalle **Tabelle di Milano** (o in uso presso il Tribunale) esistenti al momento della liquidazione (Cass. civ. nn. 12408/2011 e 26805/2018); esso, inoltre, potrà essere aumentato in ragione delle peculiarità del caso concreto (c.d. personalizzazione).

Le pretese risarcitorie sopra indicate dovranno essere avanzate da Caia **entro il termine prescrizionale** quinquennale con riferimento al medico e biennale per quanto attiene al conducente del veicolo (art. 2947, 1° e 2° co., c.c.), mentre, con riferimento alla struttura sanitaria, il termine sarà quello ordinario decennale (art. 2946 c.c.).
Ove, peraltro, si ravvisassero nelle condotte del medico o del conducente dei fatti costituenti reato, Caia potrebbe pretende il risarcimento non nel termine quinquennale o biennale di prescrizione, ma entro il termine prescrizionale previsto per il reato (art. 2947, 3° co., c.c.), se maggiore.

Infine, giova ricordare che, se si rendesse necessario agire in via giudiziale, sarà preliminarmente necessario esperire, quale condizione di procedibilità, il procedimento di mediazione obbligatoria ovvero di consulenza tecnica preventiva *ex* art. 696-*bis* c.p.c. (art. 8, l. n. 24/2017), con riferimento alla responsabilità del medico e della struttura sanitaria.

## Proposta di soluzione

In conclusione:

1) Tizio ha subito anzitutto **un danno all'autodeterminazione terapeutica**, avendo prestato il consenso solamente per un intervento con degenza inferiore a quella verificatasi e dovendosi ritenere che, se egli fosse stato a conoscenza dell'alta probabilità accertata dalla perizia medico-legale, non avrebbe prestato tale consenso per un intervento in quel momento, non potendo rinviare gli impegni familiari e lavorativi; inoltre, Tizio ha subito anche un danno all'integrità fisica (causato dal decesso in seguito all'incidente stradale);

2) **di tali danni evento sono responsabili**, quanto all'autodeterminazione, sia l'esercente la professione sanitaria, poiché ricorrono tutti gli elementi della responsabilità extracontrattuale (art. 2043 c.c.), sia la struttura sanitaria che si è avvalsa della sua opera, in

quanto sussiste l'inadempimento al contratto di spedalità per effetto dell'art. 1228 c.c.; quanto all'integrità fisica, risponderanno invece il conducente del veicolo e il proprietario, ove diverso dal conducente, essendovi gli estremi della responsabilità da circolazione di veicoli (art. 2054 c.c.);

3) **Caia può domandare *iure proprio* il risarcimento sia del danno** patrimoniale, consistente nella perdita dell'apporto familiare del marito Tizio (art. 143 c.c.) e nelle spese funerarie conseguenti al decesso, sia del danno non patrimoniale per la perdita del rapporto coniugale (artt. 2 e 29 Cost. e 2059 c.c.), purché dimostri, anche per presunzioni (art. 2727 c.c.), l'effettività del pregiudizio;

4) **Caia può domandare *iure hereditatis*** il risarcimento del danno non patrimoniale subito da Tizio come conseguenza della lesione all'integrità fisica, dato che tra il momento dell'illecito e il momento del decesso è decorso un lasso di tempo tale da configurare, nella sfera patrimoniale di Tizio, un credito risarcitorio per il danno morale terminale, avendo Tizio atteso il decesso in lucida agonia;

5) Caia può altresì domandare *iure hereditatis* il risarcimento del danno non patrimoniale da lesione all'autodeterminazione terapeutica subito da Tizio, là dove provi, anche per presunzioni (art. 2727 c.c.), che Tizio non si sarebbe sottoposto al trattamento se fosse stato correttamente informato, nonché la riparazione del danno morale per non averla potuta assistere nelle cure a causa della prolungata degenza ospedaliera;

6) il danno potrà essere liquidato equitativamente dal giudice (art. 1226 c.c.), anche ricorrendo alle c.d. Tabelle di Milano esistenti al momento della liquidazione;

7) Caia può dunque agire, anche in via giudiziale, pretendendo il risarcimento del danno patrimoniale e non patrimoniale *iure proprio* e *iure hereditatis* come sopra descritto e limitatamente ai soggetti per ciascun danno responsabili, entro il termine di prescrizione quinquennale nei confronti del medico e biennale verso il conducente

del veicolo (art. 2947, 1° e 2° co., c.c.), mentre il termine sarà decennale nei confronti dell'ospedale (art. 2946 c.c.); dovrà però essere esperito in via preventiva o il procedimento di mediazione ovvero il ricorso per consulenza tecnica preventiva (art. 8 l. n. 24/2017) con riferimento all'esercente la professione sanitaria e alla struttura ospedaliera.

# QUESITO n. 4

## Sopravvenuta inutilizzabilità della prestazione

di Pietro Libeccio

*(Cass. Civ., Sez. III., 22 marzo 2007, dep. 24 luglio 2007, n. 16315, Pres. Trifone – Est. Scarano)*

**La società Beta tramite l'agenzia di viaggi Alfa acquista un pacchetto turistico per offrire ai propri manager una vacanza a Cuba in piena estate così da consentire agli amministratori di riprendere le forze dopo gli impegni dell'anno. La settimana prima della partenza si registra sull'isola una epidemia di Dengue emorragico. L'operatore, pur precisando di poter garantire l'intero svolgimento del pacchetto turistico come concordato, per cortesia offre alla società di spostare la vacanza in autunno o l'anno successivo, quando sarà cessata l'emergenza. Beta rifiuta l'offerta perché non interessata a offrire un viaggio a Cuba in autunno e comunque non interessata a rinviare così a lungo il viaggio. In ogni caso, in quanto intimoriti dalla situazione sanitaria sull'isola e sicuri di non godere appieno della vacanza con la preoccupazione di contrarre la malattia, i manager, tramite Beta, decidono di chiedere la restituzione di quanto pagato all'agenzia.**

**L'agenzia rifiuta la restituzione rilevando come il contratto sia vincolante e quindi possa e debba essere eseguito da entrambe le parti e accusa la mala fede di Beta per aver rifiutato di spostare la vacanza in autunno o l'anno successivo.**

**Beta si rivolge quindi al proprio legale di fiducia affinché illustri oralmente tutti i profili rilevanti per la sua tutela.**

## LETTURA DELLA TRACCIA ED INDIVIDUAZIONE DEI FATTI RILEVANTI.

La questione in esame rientra tra le **tracce classiche** che potrebbero essere rivolte al candidato per verificare la conoscenza dei rimedi contrattuali avverso le sopravvenienze come in concreto interpretati e applicati dalla giurisprudenza. La traccia (che peraltro evoca vicende tristemente attuali) richiede di padroneggiare istituti come la causa in concreto, gli elementi costitutivi dell'obbligazione, la buona fede, i rimedi contrattuali. La **semplicità della traccia non esime** il candidato **dal consueto impegno espositivo** ma, al contrario, impone uno sforzo argomentativo maggiore volto a mostrare i nessi sistematici tra gli istituti rilevanti per la risoluzione del caso.

I ***problemi giuridici*** posti dalla traccia sono due e corrispondono alle obiezioni sollevate dall'operatore:

(i) se la sopravvenuta inutilizzabilità della prestazione per il creditore incida sulla conservazione del contratto;
(ii) se sia legittimo il rifiuto di Beta al differimento del viaggio.

La traccia contiene alcuni ***elementi di fatto*** che meritano di essere considerati, in particolare:

(i) i mesi in cui è programmato il viaggio e quelli in cui si suggerisce di spostarlo;
(ii) il timore di Beta che, svolgendo il viaggio come programmato, i *manager* non usufruiscano appieno dei benefici morali della vacanza in quanto preoccupati dall'epidemia.

Lo ***scopo*** della questione è chiaramente esplicitato dalla traccia: illustrare tutti i profili rilevanti per la ***tutela*** di Beta.

# INDIVIDUAZIONE DEGLI ISTITUTI GIURIDICI E DEI PRINCIPI GIURISPRUDENZIALI RILEVANTI.

## I. La vendita di pacchetto turistico

Il caso in esame riguarda un **contratto di vendita di "pacchetto turistico"**, ossia il contratto che riguarda due tipi diversi di servizi turistici ai fini dello stesso viaggio o della stessa vacanza come definiti dall'art. 33 e ss. del d.lgs. n. 79/2011 (c.d. codice del turismo).
Con il codice del turismo il legislatore ha inteso offrire una **specifica tutela per i consumatori** (*rectius*, per i viaggiatori, in base all'art. 32), prevedendo, tra l'altro, il dovere di fornire ai consumatori una serie di informazioni precontrattuali (artt. 34 ss.), le ipotesi in cui è ammessa una revisione del prezzo o la modifica del contratto (art. 39 ss.) e il diritto di recesso (artt. 41 ss.).
Per quanto non disciplinato dal codice del turismo (ovvero là dove questo non fosse applicabile), si farà riferimento al codice del consumo e, infine, al codice civile.

## II. L'impossibilità sopravvenuta e il suo àmbito di applicazione

In particolare, la **disciplina delle sopravvenienze** diverse da quelle che giustificano il recesso (di cui all'art. 41 cod. turismo) è ancora regolata dal codice civile.
In particolare, ai fini della questione, giova ricordare che l'equilibrio contrattuale può essere leso dalla **sopravvenuta impossibilità dell'esecuzione** di una delle prestazioni.

Il codice civile non definisce cosa si intenda per "impossibilità" di adempiere le obbligazioni (art. 1256 e ss. c.c.) e di eseguire il contratto (art. 1463 e ss. c.c.). Secondo l'orientamento tradizionale e prevalentemente accolto dalla giurisprudenza, l'impossibilità deve essere **assoluta** (ossia cagionata da un impedimento tale da non poter "in nessun modo essere vinto dalle forze umane") e **oggettiva** (ossia

riguardante l'oggetto del contratto e non la persona del debitore). A tale rigoroso orientamento si contrappone una diversa opinione (c.d. impossibilità soggettiva), secondo la quale sarebbe impossibile l'esecuzione non superabile da parte del debitore con il dovuto sforzo diligente (art. 1176 c.c.).
L'impossibilità può essere definitiva (quando irreversibile o quando il creditore non abbia più interesse a ricevere la prestazione ovvero il debitore non possa più ritenersi tenuto ad eseguirla) o temporanea (ossia quando l'impossibilità deriva da una causa transitoria).

■ Nel caso in cui l'esecuzione del contratto divenga definitivamente impossibile per un fatto non imputabile ai contraenti (c.d. **impossibilità sopravvenuta definitiva**), il debitore non è in colpa e quindi non è responsabile dell'inattuazione della prestazione (art. 1218 c.c.), si estinguono le obbligazioni nascenti dal contratto (art. 1256 c.c.) e il contratto è risolto di diritto e automaticamente (art. 1463 c.c.), dato che non è logicamente possibile la conservazione di un contratto la cui causa è oramai irrealizzabile. Per effetto della risoluzione, la parte liberata a causa dell'impossibilità sopravvenuta «non può chiedere la controprestazione» (né, di regola, risarcimenti e penali) e «deve restituire quella che abbia già ricevuta, secondo le norme relative alla ripetizione dell'indebito» (art. 2033 c.c.); in questo modo si riequilibrano economicamente e giuridicamente le posizioni dei contraenti, che vengono riportate allo stato precedente rispetto alla conclusione del contratto.

■ Là dove, invece, l'impossibilità sia solo temporanea e il creditore conservi interesse all'adempimento (c.d. **impossibilità sopravvenuta temporanea**), l'adempimento è sospeso e il debitore non è responsabile del ritardo nell'adempimento finché l'impossibilità perdura (art. 1256, 2° co., c.c.). Il debitore non è però liberato dall'obbligazione perché la prestazione è inesigibile solo fino a quando non sarà superato lo stato temporaneo d'impossibilità. Tuttavia, se la condizione di impossibilità perdura fino a quando, in relazione al titolo dell'obbligazione o alla natura dell'oggetto, il debitore non può più essere ritenuto obbligato a eseguire la prestazione ovvero il creditore non ha più interesse a

conseguirla, allora l'impossibilità da temporanea diventa definitiva, con conseguente estinzione dell'obbligazione (art. 1256 c.c.) e risoluzione del contratto (art. 1463 c.c.).
Il rigore della risoluzione è temperato quando l'impossibilità non riguardi l'intera prestazione dovuta ma soltanto una sua parte (c.d. **impossibilità parziale**), e sia quindi possibile riequilibrare il contratto adeguando le prestazioni. In particolare, se l'adempimento è divenuto soltanto parzialmente impossibile in modo definitivo, il debitore si libera eseguendo la parte di prestazione rimasta possibile, ma l'altra parte ha diritto a una corrispondente riduzione della prestazione da essa dovuta. Tuttavia, il creditore che non abbia un interesse apprezzabile all'adempimento parziale può recedere dal contratto e rifiutare l'adempimento parziale (art. 1464 c.c.).

L'impossibilità sopravvenuta ha una particolare disciplina sia per i contratti con effetti traslativi di diritti reali (art. 1465 c.c.), sia per i contratti plurilaterali (art. 1466).

## PERCORSO LOGICO ARGOMENTATIVO.

Il caso non pare direttamente sussumibile in nessuna delle disposizioni che regolano le sopravvenienze contrattuali.

In particolare, **non** sembra ricorrere un caso di **impossibilità sopravvenuta** dell'esecuzione contrattuale (né totale *ex* art. 1463 c.c., né parziale *ex* art. 1464 c.c.), la quale consiste nell'impedimento assoluto, oggettivo e definitivo all'esecuzione della prestazione. Infatti, l'operatore turistico ha espressamente precisato di poter adempiere al contratto organizzando, predisponendo e realizzando il viaggio e il soggiorno turistico come convenuto.
Proprio in virtù di tale ragione, Alfa ha reclamato l'efficacia vincolante del contratto, offrendo di eseguire la prestazione e pretendendo di trattenere legittimamente la controprestazione, ossia il prezzo del servizio corrisposto da Beta.

Nel caso in esame, **la prestazione non è divenuta impossibile ma è semplicemente inutilizzabile da parte di Beta**, la quale è sicura di non poter godere appieno della vacanza e della prestazione offerta da Alfa, a causa non soltanto del rischio di contagio effettivo ma anche, semplicemente, del suo timore.
Si tratta di un caso in cui, sebbene l'esecuzione del contratto sia obiettivamente possibile, il creditore non ha più interesse a ricevere la prestazione perché questa da lui non è più utilizzabile nelle attuali condizioni (c.d. **sopravvenuta inutilizzabilità della prestazione**).
**Anche se non espressamente prevista dal codice civile**, l'impossibilità di utilizzazione della prestazione per effetto di eventi sopravvenuti e non prevedibili deve ritenersi faccia **venir meno l'interesse del creditore** alla prestazione, con conseguente **estinzione dell'obbligazione** e risoluzione del contratto.
Infatti, le obbligazioni contrattuali trovano una ragione giustificatrice nella causa del contratto e cioè negli interessi obiettivamente perseguiti dalle parti con la sua esecuzione, tanto che elemento costitutivo dell'obbligazione è l'esistenza di una prestazione diretta a realizzare un interesse anche non patrimoniale del creditore (art. 1174 c.c.).
In particolare, il contratto di "vendita di un pacchetto turistico" si sostanzia in una complessa prestazione, organizzata dal tour operator, finalizzata al perseguimento e al soddisfacimento della finalità turistica (consistente nei tipici profili di riposo, ricreazione, divertimento etc.), assicurata dalla vacanza e perseguita dal turista con la stipulazione del contratto di viaggio-vacanza "tutto compreso".

La **"finalità turistica" (o "scopo di piacere") non costituisce pertanto un irrilevante motivo** del contratto, dato che **non si sostanzia in interessi che rimangono nella sfera volitiva interna** degli acquirenti e che li spingono alla stipulazione del contratto **ma nello scopo tipico e connaturato** al tipo contrattuale e che ne connota la **causa in concreto**, intesa quale sintesi degli interessi che il contratto è in concreto diretto a realizzare (al di là del modello, anche tipico, adoperato) (*ex multis* v. sul punto Cass. 8 maggio 2006, n. 10490).
Nel caso in esame, trattandosi di pacchetto turistico, è inequivocabile la finalità di riposo e divertimento che è perseguita dal creditore Beta, la

quale è chiaramente connaturata al tipo contrattuale e, in parte, viene anche riconosciuta dalla stessa Alfa con l'offerta di rinviare il viaggio al momento in cui, cessata l'epidemia, la vacanza fosse senz'altro più fruibile.
In particolare, poiché il contratto è sempre diretto a realizzare interessi obiettivamente perseguiti dalle parti (c.d. causa in concreto del contratto) mediante l'esecuzione di quanto convenuto, la sopravvenuta inutilizzabilità della prestazione e la conseguente impossibilità di realizzare l'interesse per il quale il contratto è stato stipulato **priva di ragione giustificatrice gli obblighi contrattuali** (art. 1174 c.c.) (ossia l'idoneità a soddisfare l'interesse turistico) ed importa la risoluzione del contratto, con conseguente reciproca liberazione dall'obbligo di eseguire quanto convenuto (e con il correlativo obbligo di restituire, secondo le previsioni in materia di ripetizione dell'indebito, quanto già prestato).
Peraltro, mentre in caso di impossibilità sopravvenuta dell'esecuzione il contratto è risolto *ipso iure*, in caso di inutilizzabilità della prestazione è pur sempre possibile che il creditore intenda comunque ricevere la prestazione, sicché è rimessa allo stesso creditore la scelta tra lo scioglimento e la conservazione del contratto.

A tali conclusioni è giunta la Cassazione che, anche in casi di epidemie e pacchetti turistici, ha riconosciuto la risoluzione del contratto per impossibilità di fruire della prestazione (cfr. Cass., 24 luglio 2007, n. 16315; Cass., 20 dicembre 2007, n. 26958 e, sia pure *incidenter tantum*, Cass., 29 marzo 2019, n. 8766).
E la conclusione pare anche confermata dalla disciplina prevista dal codice del turismo che, pur non applicabile al caso in esame (trattandosi di contratto stipulato in favore dei manager "viaggiatori", ma la cui parte sostanziale è una società che non può essere "viaggiatore" – cfr. art. 32), all'art. 41, c. 4, prevede che «in caso di circostanze inevitabili e straordinarie verificatesi nel luogo di destinazione o nelle sue immediate vicinanze e che hanno un'incidenza sostanziale sull'esecuzione del pacchetto… il viaggiatore ha diritto di recedere dal contratto, prima dell'inizio del pacchetto, senza corrispondere spese di

recesso, ed al rimborso integrale dei pagamenti effettuati per il pacchetto…».

Chiarito che il caso in esame è riconducibile a un'ipotesi di sopravvenuto difetto di realizzabilità della causa in concreto del contratto, **si tratta di chiarire se l'offerta di Alfa di spostare il viaggio fosse idonea a conservare la causa in concreto del contratto, obbligando secondo buona fede Beta ad accettare la modifica** del contratto.

Di regola, il creditore ha diritto a ricevere l'esatto adempimento della prestazione dovuta, come convenuta nel contratto.
Infatti, il debitore deve eseguire esattamente la prestazione dovuta (art. 1218 c.c.) e il contratto ha "forza di legge" tra le parti e non può essere (oltre che risolto, anche) modificato se non per mutuo consenso (art. 1372 c.c.). In ragione di ciò, il creditore può rifiutare un adempimento parziale (anche se la prestazione è divisibile) (art. 1181 c.c.) e il debitore non può liberarsi eseguendo una prestazione diversa da quella dovuta, anche se di valore uguale o maggiore, salvo che il creditore vi consenta (art. 1197, c. 1 c.c., regolante la *datio in solutum*). Pertanto, di regola, il creditore non è tenuto ad accettare una prestazione diversa, come lo spostamento temporale dell'esecuzione, potendo legittimamente rifiutare un tale adempimento (o una tale offerta di modifica del contratto) senza timore di essere costituito in mora (arg. *ex* art. 1206, c. 1, c.c.). I poteri del creditore di rifiutare la prestazione e di non assecondare le proposte di modifica del contratto incontrano un limite nel dovere di osservare la buona fede nel rapporto obbligatorio (art. 1175 c.c.) e nell'esecuzione del contratto (art. 1375 c.c.), quale attuazione del più generale principio costituzionale di solidarietà sociale (art. 2 Cost.).
Nel caso in esame **Alfa sostiene che il rifiuto da parte di Beta di rinviare** il viaggio (i cui costi ricadono anche sull'operatore) **non sia legittimo in quanto contrario a buona fede**.
Tuttavia, la correttezza e la c.d. buona fede oggettiva non impongono di assecondare qualsiasi richiesta della controparte ma di salvaguardare il rapporto e l'altrui interesse (ovvero l'utilità dell'altra parte) nella

misura in cui ciò non comporti un apprezzabile sacrificio per il proprio interesse. Il dovere di buona fede incontra quindi un limite nel proprio interesse, che non può essere sacrificato sensibilmente per ragioni di solidarietà contrattuale. Nel caso in esame, il rinvio di un viaggio in un tempo futuro, non precisamente determinabile in quanto dipendente dalla cessazione dell'epidemia e verosimilmente di lunga durata, sembra comportare un sacrificio eccessivo dell'interesse del creditore che non può essere preteso dal debitore secondo buona fede. Contro buona fede deve piuttosto ritenersi infatti non il rifiuto di Beta a spostare il viaggio all'anno successivo o in un periodo invernale (e quindi in un momento non appropriato per il tipo di vacanza concordata), ma proprio la pretesa di Alfa di trattenere il prezzo versato dal compratore sul presupposto di poter differire il viaggio in un momento futuro.

## PROPOSTA DI SOLUZIONE

In conclusione, Beta può agire in giudizio per far accertare la sopravvenuta inutilità della prestazione e l'irrealizzabilità dello scopo turistico del contratto (e, quindi, la sopravvenuta irrealizzabilità della causa in concreto del contratto) con conseguente estinzione delle obbligazioni convenute e risoluzione del contratto. Non può infatti ritenersi contrario a buona fede il rifiuto del compratore di spostare il viaggio in un tempo successivo in quanto comportante un eccessivo sacrificio dell'interesse di Beta. Ne consegue che Beta potrà anche domandare la restituzione del prezzo versato secondo le ordinarie regole di cui agli artt. 2033 ss. c.c.

# QUESITO n. 5

## Sorte dell'assegno divorzile in caso di convivenza *more uxorio* e limiti alla solidarietà post-matrimoniale

di Gianluca De Donno

*(Cass. Civ., Sez. I, 27 ottobre 2020, dep. 17 ottobre 2020, n. 28995, Pres. Genovese)*

**In data 18 dicembre 2019 il Tribunale di Mantova dichiarava con sentenza la cessazione degli effetti civili del matrimonio contratto da Tizio e Caia, ponendo a carico dell'ex marito l'obbligo di versare un assegno mensile a Caia oltre quello di contribuire al mantenimento dei figli minori.**
**Tizio proponeva appello presso la competente Corte di Appello che, in parziale riforma della sentenza di primo grado, respingeva la domanda di riconoscimento dell'assegno divorzile proposta dall'ex moglie Caia avendo costei, a seguito della separazione, instaurato una stabile convivenza con un nuovo compagno.**
**In particolare, dagli atti risulta che Caia, pur titolare di una laurea in fisica, per l'intera durata decennale del matrimonio aveva rinunciato a qualsiasi attività professionale, o comunque lavorativa, per dedicarsi interamente ai figli e ciò anche al fine di supportare il marito nelle varie fasi della relativa progressione di carriera. Ciò aveva implicato, in effetti, continui spostamenti di residenza per la coppia sia in territorio nazionale sia all'estero.**
**Anche a seguito della separazione personale dal marito, la donna si era dovuta consacrare alla cura dei figli e, pur nelle mutate circostanze, non aveva potuto dedicarsi completamente al proprio**

**successo professionale. La donna, peraltro, ha più volte sperimentato difficoltà ad inserirsi nel mercato del lavoro: da un lato perché, rispetto all'età, le viene imputata un'esperienza insufficiente, dall'altro, perché ritenuta troppo qualificata per svolgere lavori non in linea con la sua formazione universitaria.**
**Successivamente alla separazione, Caia si era unita a un diverso compagno, Sempronio, operaio che percepiva un reddito lavorativo di entità modesta al mese per di più decurtato dal mutuo per l'acquisto della casa, presso la quale convivevano anche i figli del precedente matrimonio, studenti.**
**Il rapporto di convivenza era durato per alcuni anni prima di cessare definitivamente per divergenze di carattere tra i due conviventi nei giorni immediatamente successivi alla pronuncia della Corte di Appello.**
**Alla luce di quanto sopra, Caia si rivolge ad un legale per comprendere se vi siano motivi che consentano di ricorrere avverso la sentenza della Corte di Appello e riottenere la corresponsione dell'assegno divorzile, stante la situazione descritta, e, in subordine, se possa aver diritto a forme di prestazione assistenziale da parte di Sempronio.**

## LETTURA DELLA TRACCIA ED INDIVIDUAZIONE DEI FATTI RILEVANTI

Il caso pone al candidato questioni afferenti a situazioni spesso diffuse nella realtà quotidiana in cui, a seguito dell'intervenuta rottura di un rapporto di unione familiare, uno dei *partners* instauri una nuova relazione e crei un nuovo nucleo familiare di fatto.
Si pone perciò il problema di comprendere la sorte delle eventuali prestazioni economiche che l'ex coniuge sia tenuto a corrispondere all'altro ex coniuge.

Il candidato si dovrà premurare, in primo luogo, di ricostruire la vicenda cronologica. Dunque, dovrà tenere a mente la scansione temporale degli

eventi: separazione, nuova convivenza, cessazione degli effetti civili del matrimonio, obbligo di Tizio di versare l'assegno divorzile, riforma in Corte di Appello della pronuncia di primo grado, cessazione della nuova convivenza di Caia.
In secondo luogo, il candidato dovrà soffermare l'attenzione su alcuni degli elementi fattuali della vicenda. In particolare, dovrà tener conto:

*i)* delle difficoltà di Caia nel trovare una sistemazione lavorativa, dovute prevalentemente al lungo periodo di inattività seguìto all'ottenimento della laurea in ragione del supporto dato dalla stessa Caia all'avanzamento professionale di Tizio e
*ii)* della natura della convivenza intrapresa con Sempronio.

## INDIVIDUAZIONE DEGLI ISTITUTI GIURIDICI RILEVANTI - INDIVIDUAZIONE DELLA DISCIPLINA NORMATIVA APPLICABILE E DEI PRINCIPI GIURISPRUDENZIALI RILEVANTI

### I. Aspetti preliminari

La traccia presuppone **la conoscenza della disciplina dell'assegno divorzile**, in particolare dell'articolo 5, comma 6, L. 1° dicembre 1970, n. 898 (come modificata dalla L. 6 marzo 1987, n. 74) e la recente evoluzione giurisprudenziale sull'interpretazione della norma, e dell'applicazione del disposto dell'art. 5, comma 10, l. div. alla diversa ipotesi della convivenza.

È inoltre richiesto che il candidato **abbia chiara la nozione di convivenza di fatto e il riconoscimento per via normativa della convivenza *more uxorio***, avvenuto con la l. 20 maggio 2016, n. 76 (c.d. Legge Cirinnà) che è seguito a una elaborazione del concetto di famiglia di fatto dovuta alla riflessione più che decennale di dottrina e giurisprudenza. In particolare, deve essere tenuta a mente la differenza tra la nozione di convivenza di fatto accolta dal comma 36, art. 1, della citata legge e la possibilità residuale di forme di convivenza non rientranti nel comma in questione.

## II. Orientamenti giurisprudenziali sull'assegno divorzile

Tra il maggio 2017 e il luglio 2018, la giurisprudenza ha conosciuto due repentini cambi di rotta sui presupposti e sulla determinazione dell'assegno divorzile, i quali hanno rimesso in discussione una quasi trentennale, costante e immutata interpretazione dell'art. 5, comma 6, l. div. A partire, infatti, dalla pronuncia delle Sezioni Unite del 29 novembre 1990 n. 11490 - con cui si componeva il contrasto insorto a seguito della novella del 1987 - all'assegno di divorzio veniva attribuita una funzione **di natura esclusivamente assistenziale**, tesa a consentire al coniuge debole la conservazione del tenore di vita goduto in costanza di matrimonio e ai cui fini rilevava l'apprezzabile deterioramento, in conseguenza del divorzio, delle condizioni economiche dello stesso coniuge debole.

Su un panorama così delineato, la pronuncia della Suprema Corte del 10 maggio 2017, n. 11504 proponeva, con un'impostazione ermeneutica innovativa, una diversa lettura dell'art. 5 l. div. la quale ha **ridefinito concettualmente** l'assunto dell'"**adeguatezza dei mezzi**" come elemento non più da valutarsi in rapporto al **tenore di vita** precedentemente goduto, ma da leggersi restrittivamente in rapporto alla possibilità di assicurare **la sola indipendenza e autosufficienza economica** del coniuge più debole.

Una precedente ordinanza di rimessione alla Corte Costituzionale promossa dal Tribunale di Firenze, peraltro, aveva già censurato la conformità al principio di ragionevolezza della regola della conservazione del tenore di vita analogo, evidenziando gli esiti palesemente irrazionali e incompatibili con la stessa *ratio legis* e con la funzione assistenziale che dovrebbe essere propria dell'assegno divorzile. Il conflitto tra la nuova direttrice tracciata dalla Cassazione a sezioni semplici e l'impianto tradizionale derivato dalle sezioni unite del 1990 ha quindi richiesto un nuovo intervento con la decisione delle **Sezioni Unite 11 luglio 2018, n. 18287**.

La decisione delle sezioni unite mitiga i risultati cui era pervenuta la sentenza del maggio 2017. In sintesi, la Suprema Corte:

(i) abbandona la distinzione tra criteri attributivi e criteri determinativi dell'assegno divorzile valorizzando, al contrario, gli indicatori contenuti nell'articolo 5, comma 6, l. div., quali unici parametri per determinarne l'esistenza e il contenuto, coerentemente con il quadro costituzionale di riferimento costituito dagli artt. 2, 3 e 29 Cost.;

(ii) precisa che i principi di autodeterminazione e autoresponsabilità [che nell'ottica della pronuncia n. 11504/2017 fondavano l'accettazione delle conseguenze economiche (negative) del divorzio in quanto comunque frutto di scelte che ineriscono alla libertà della persona e quindi si ponevano a giustificazione dell'esclusione o della limitazione del diritto all'assegno divorzile] sono invece da tenere in considerazione anche nella capacità di influire sul modello di relazione coniugale da realizzare, sulla definizione dei ruoli, sul contributo di ciascun coniuge all'attuazione della rete di diritti e doveri fissati dall'art. 143 cod. civ. e, quindi, sugli squilibri che da tale relazione si originano;

(iii) chiarisce che è **propria dell'assegno divorzile una natura composita**, cui compartecipano una **funzione assistenziale e una funzione perequativo-compensativa** che deve assicurare al coniuge debole un livello reddituale adeguato al contributo fornito nella realizzazione della vita familiare.

## III. Sorte dell'assegno divorzile in ipotesi di nuovo rapporto di convivenza dell'ex coniuge

Come noto, l'obbligo di corresponsione dell'assegno divorzile cessa per espressa previsione di legge là dove il coniuge contragga nuove nozze (ai sensi dell'art. 5, comma 10, l. div.). La *ratio* della disposizione è di facile comprensione: in effetti, in seguito al nuovo rapporto di coniugio, il *partner* acquista il diritto all'assistenza economica nei confronti del nuovo coniuge, motivo per cui viene meno l'esigenza posta a fondamento dell'assegno di divorzio.

Secondo un **primo orientamento più risalente**, stante la diversità tra le "nuove nozze" di cui all'art. 5 comma 10, l. div. e la convivenza *more uxorio*, la costituzione di una famiglia di fatto avrebbe dato luogo ad una **sorta di quiescenza** del diritto all'assegno, destinato a rivivere in caso di rottura del rapporto tra conviventi.
Con la sentenza del 3 aprile 2015, n. 6855, la Cassazione, mutando la precedente impostazione, ha introdotto un diverso orientamento in base al quale, ove il coniuge divorziato instauri una famiglia di fatto, verrebbe meno ogni presupposto per la riconoscibilità in suo favore dell'assegno divorzile. Ciò in quanto qualora *l'ex* coniuge concorra alla formazione di una famiglia di fatto con il nuovo *partner*, si **rescinderebbe ogni connessione** con il **tenore e il modello** di vita caratterizzanti la pregressa fase di convivenza matrimoniale. Verrebbe perciò meno il **presupposto** per la riconoscibilità di un assegno divorzile, almeno così come inteso sino alla pronuncia a sezioni unite in precedenza richiamata. Peraltro, l'argomento sarebbe rafforzato dall'intendimento della convivenza *more uxorio* come vera e propria **formazione sociale portatrice di valori di stretta solidarietà**, di arricchimento e sviluppo della personalità con fondamento specifico nell'art. 2 Cost.

In particolare, l'estinzione del diritto all'assegno divorzile viene giustificata - dall'orientamento giurisprudenziale in discorso - con la necessità di una piena assunzione del rischio da parte di chi intenda dare vita a un nuovo nucleo familiare, seppur di fatto. Viene reputato infatti

**necessario bilanciare** la possibilità di una cessazione del rapporto tra i nuovi conviventi con la tutela dell'affidamento dell'*ex* coniuge sull'esonero definitivo da ogni obbligo di assegno divorzile nei confronti di chi recide ogni legame con la pregressa esperienza di vita matrimoniale.

Da ultimo, tuttavia, con **l'ordinanza interlocutoria 27 ottobre - 17 dicembre 2020, n. 28995**, la Sezione I della Cassazione ha nuovamente sollecitato l'intervento delle Sezioni Unite al fine di rimeditare l'orientamento, ormai diffuso, che propende per l'automatica soppressione dell'assegno divorzile.
Nello specifico, secondo la riflessione della Suprema Corte, l'automatismo della cessazione richiederebbe di essere riletto alla luce dei nuovi criteri interpretativi in tema di assegno divorzile e dell'emersione del duplice carattere **perequativo – compensativo** riconosciuto all'assegno divorzile dalle sezioni unite del 2018. Tale automatismo, a rigore, dovrebbe continuare a valere per la sola ipotesi di nuove nozze, mentre la valorizzazione della piena funzione dell'assegno divorzile non potrebbe prescindere **da un apprezzamento discrezionale del giudice compiuto in merito al caso concreto** su cui misurare il carattere compensativo o assistenziale dell'assegno rispetto alla vicenda matrimoniale cui si riferisce.

D'altro canto, il carattere compensativo, si osserva, attiene alle modalità esplicative del rapporto di coniugio così come concretamente svoltosi e pertanto, se venisse adottata l'opzione per l'automatica estinzione degli effetti, verrebbe travolto **quanto maturato dell'assegno divorzile relativamente al passato del *ménage* matrimoniale**.
Dunque, nell'ottica dei giudici di legittimità si dovrebbe verificare la tenuta di un'opzione ermeneutica per cui, all'effetto dell'instaurazione della convivenza di fatto accertata nella sua dimensione di piena stabilità e durata, il diritto all'assegno divorziale dell'*ex* coniuge sperequato nella posizione economica soggiaccia ad una forma di immediata cessazione. In questo senso, viene posta alle sezioni unite l'alternativa di altre scelte interpretative, incentrate proprio sulla valorizzazione del contributo dato dall'avente diritto al patrimonio della

famiglia e dell'altro coniuge, tramite cui sostenere che l'assegno divorzile, **negli effetti compensativi** suoi propri, possa continuare a sussistere, se del caso, con una modulazione da individuarsi ad esito del giudizio sul diverso contesto sociale di riferimento del *partner* rispetto alla sua funzione perequativa (nel caso, ad esempio, di miglioramento delle condizioni economico-patrimoniali del beneficiario).

## IV. Diritto al mantenimento dell'ex convivente di fatto (separato)

Il comma 65 della l. 20 maggio 2016, n. 76 ha introdotto nel nostro ordinamento per il convivente di fatto che, a seguito della cessazione della convivenza di fatto, si trovi nelle condizioni di bisogno di cui all'art. 438 cod. civ., **il diritto alla prestazione alimentare** per un periodo **proporzionale** alla durata della convivenza. La norma ha opportunamente trovato un punto di convergenza tra i maggiori margini di autodeterminazione connaturati alla convivenza di fatto (e quindi una minor rigidità dei doveri di contribuzione economica) e un dovere di solidarietà che non può negarsi ove si sia condivisa un'esperienza di vita in comune.

In particolare, **la l. 20 maggio 2016, n. 76** ha distinto le unioni civili, per le quali ha previsto con l'art. 1, comma venticinquesimo, l'applicabilità, nei limiti della compatibilità, dell'art. 4, art. 5, comma 1, e dal quinto al comma 11, della L. n. 898 del 1970, artt. 8, 9, 9-bis, 10, 12-*bis,* 12-*ter,* 12-*quater,* 12-*quinquies* e 12-*sexies,* dalle convivenze di fatto di cui al successivo comma 36, per le quali si è previsto, **ricorrendo lo stato di bisogno**, l'applicabilità della disciplina in tema di alimenti (in aggiunta al diritto di continuare ad abitare, in caso di morte del proprietario della casa di comune residenza, per due anni o per un periodo pari alla convivenza se superiore a due anni e comunque non oltre i cinque anni). Con ciò si è confermato che l'esistenza di diverse forme espressive dell'interesse dell'individuo a realizzare la propria personalità nelle formazioni sociali non comporta affatto una loro assoluta equiparazione.

Tuttavia, il comma 36 precisa i **limiti della definizione** di conviventi di fatto normativamente accolta. Essa riguarda la "*coppia di persone maggiorenni stabilmente unite da legami affettivi e di reciproca assistenza morale e materiale, che siano di stato libero e non vincolate reciprocamente da rapporti di parentela, affinità o adozione*". Si sono così superati i criteri di elaborazione giurisprudenziale adottati per la delimitazione delle situazioni di convivenza di fatto: d'altra parte, però, si esclude che possa assumere rilievo il legame creato tra soggetti rispetto ai quali non sia intervenuta sentenza di divorzio in relazione ai precedenti vincoli matrimoniali. Si impone dunque all'interprete di distinguere, quanto a conseguenze, tra convivenza instaurata dal coniuge separato e convivenza instaurata dal coniuge divorziato.

Per il **convivente di fatto separato**, dunque, risulterebbe **escluso** il diritto di godere delle prestazioni alimentari *ex* comma 65.

Pertanto, il coniuge separato che ha intrapreso una convivenza di fatto si trova, una volta venuta meno la convivenza, in una situazione deteriore rispetto al coniuge divorziato che sia stato convivente *more uxorio*, in quanto a quest'ultimo comunque spettano gli alimenti in applicazione del citato comma 65. In aggiunta, là dove successivamente alla rottura della convivenza dovesse anche seguire lo scioglimento del matrimonio, il coniuge separato rischia (come nel caso in esame), in ossequio alla giurisprudenza sopra ricordata e sulla cui fondatezza l'ordinanza di rimessione sopra menzionata si interroga, di trovarsi privo di qualsiasi forma di tutela (a differenza, si ripete, di quanto accadrebbe al coniuge divorziato).

## PERCORSO LOGICO-ARGOMENTATIVO

Il caso in esame concerne **il diritto del coniuge**, che, a seguito della separazione, abbia intrapreso una nuova convivenza con un diverso soggetto, **alla corresponsione dell'assegno di divorzio** dall'ex *partner*, ove evidentemente sia intervenuta la cessazione degli effetti civili del matrimonio. Questione ancillare attiene invece alla sussistenza di un differente diritto nei confronti del convivente *more uxorio* a eventuali forme di prestazioni assistenziali a seguito del venire meno della convivenza.

Il problema non trova una soluzione diretta per via normativa, giacché non si è ritenuto di dover modificare sul punto la l. div. in conseguenza dell'introduzione della disciplina delle convivenze di fatto, per cui si sconta un certo difetto di coordinamento tra le diverse discipline.
Si è infatti osservato che l'effetto estintivo automatico del diritto all'assegno è previsto esclusivamente per il caso di nuove nozze. Né, parimenti, le nuove nozze possono essere equiparate *sic et simpliciter* alle modalità di convivenza di fatto, stante il consolidato orientamento giurisprudenziale che pur riconoscendo a tali convivenze il valore di formazioni sociali tutelate dall'ordinamento ne ha escluso in più occasioni l'assimilabilità al matrimonio specialmente sotto il profilo delle maggiori tutele riconosciute ai coniugi.
L'art. 5, comma 10, l. div. non è quindi suscettibile di applicazione in via diretta al caso di specie.
Tuttavia, l'instaurazione di una nuova convivenza concorre senza dubbio a dar vita ad un consesso di mutua assistenza tra i conviventi.
Ragionando a partire da tale elemento, la giurisprudenza ha ritenuto, in un primo momento, che l'esigenza assistenziale sottesa all'assegno di divorzio perderebbe capacità espansiva per tutta la durata del rapporto tra conviventi *more uxorio*. Per l'effetto, ha dunque sostenuto che lo stesso sarebbe sottoposto ad uno stato di quiescenza, per riprendere poi nuovo vigore una volta cessata la convivenza.

Seguendo **una differente linea di pensiero**, l'impostazione più recente si è invece assestata su posizioni più radicali.
Enfatizzando il principio di autoresponsabilità, la Suprema Corte, a partire da una nota sentenza del 2015, ha fatto discendere dalla scelta libera e consapevole di creare una stabile convivenza *more uxorio*, la logica conseguenza del venire meno della residua solidarietà post-matrimoniale e con essa l'assegno divorzile che ne è espressione.
In particolare, nell'argomentare della Corte, in caso di instaurazione da parte del coniuge divorziato di una nuova famiglia, ancorché di fatto, si

rescinderebbe ogni connessione con il tenore e il modello di vita caratterizzanti la pregressa fase di convivenza matrimoniale, poiché la nuova comunità familiare, per quanto non basata sul vincolo coniugale, farebbe venire definitivamente meno ogni presupposto per la riconoscibilità dell'assegno divorzile a carico dell'altro coniuge, sicché il relativo diritto ne resta definitivamente escluso.

Sui termini così ricostruiti della vicenda giurisprudenziale si innesta, tuttavia, la pronuncia delle sezioni unite sulla natura dell'assegno divorzile. Il candidato deve pertanto dimostrare di sapere adeguatamente collegare le evoluzioni giurisprudenziali in cui si dirama la questione oggetto della traccia.
In effetti, la pronuncia del 2018 ha, in un certo senso, superato la rigidità del riferimento al **tenore di vita avuto in costanza di matrimonio** promuovendo una interpretazione maggiormente articolata dei requisiti dell'assegno divorzile indicati dall'art. 5, comma 6, l. div e riconoscendovi una natura composita perequativo-compensativa.

Ciò vuol dire che l'assegno non è solo preposto a funzioni di mero supporto del coniuge debole, ma è altresì destinato a **compensarlo** degli eventuali sacrifici e rinunce attuate in costanza di matrimonio per favorire il *partner* e garantire la stabilità del *ménage* familiare.

D'altra parte, proprio la cesura rispetto al tenore della precedente vita coniugale era posta a fondamento dell'idea di estinzione automatica del diritto all'assegno nell'ipotesi di convivenza: non è peraltro un caso che **l'ordinanza interlocutoria 27 ottobre - 17 dicembre 2020, n. 28995** abbia reputato opportuno sollecitare l'intervento delle sezioni unite per coordinare l'orientamento sedimentato in tema di cessazione del diritto all'assegno con la nuova interpretazione data dalla Suprema Corte e che dovrebbe portare a mitigare la portata **del principio di auto-responsabilità tramite una valutazione del caso concreto al fine di escludere un'estinzione automatica del diritto negli effetti compensativi suoi propri là dove si possa valorizzare il contributo dato dall'avente diritto al patrimonio della famiglia e dell'altro coniuge.**

Nel caso in esame, d'altra parte, emerge con tutta evidenza il contributo essenziale di Caia alla carriera del marito e le ripercussioni negative che la rinuncia prolungata, nell'interesse di Tizio e della famiglia, ad intraprendere un'autonoma attività lavorativa ha avuto sulle future possibilità di acquisire una certa indipendenza economica.
Di più facile risoluzione, al contrario, il problema posto dall'esistenza di un diritto a specifiche prestazioni economiche in conseguenza della rottura della convivenza di fatto nel caso in cui uno dei coniugi sia separato e non ancora divorziato.
In tale ipotesi, è sufficiente infatti coordinare la disposizione del comma 65 (diritto alle prestazioni alimentari dell'ex convivente in stato di bisogno) con il comma 36 dell'art. 1 della c.d. Legge Cirinnà: la nozione di conviventi di fatto accolta normativamente esclude chi sia separato.

## Proposta di soluzione

In conclusione, il candidato potrebbe riferire a Caia l'opportunità di ricorrere avverso la pronuncia della Corte di Appello che le ha negato il diritto al percepimento dell'assegno divorzile.

Si potrebbe sostenere, infatti, che la posizione adottata dalla Corte di Appello, sebbene in linea con l'orientamento prevalente in materia di automatica cessazione della corresponsione dell'assegno di divorzio per effetto della nascita di un rapporto di convivenza di fatto, omette di tenere in considerazione **i criteri di determinazione dell'assegno divorzile illustrati dalla sentenza a sezioni unite** citata. Come sopra precisato, in effetti, le medesime preoccupazioni sono state sollevate, in riferimento a un caso simile, da una recente ordinanza di rimessione alle sezioni unite.

La vicenda matrimoniale di Caia rispecchia, d'altronde, proprio i motivi che hanno portato la Suprema Corte a rimarcare la necessità che l'assegno di divorzio compensi anche gli sforzi del coniuge debole i quali, pur non avendo natura immediatamente patrimoniale, devono essere riconosciuti sul piano economico.

A supporto di ciò, il candidato dovrebbe citare la recente ordinanza di rimessione alle sezioni unite più volte menzionata, che sembra andare proprio nel senso indicato.
Da ultimo, il candidato dovrebbe precisare che nulla spetterebbe invece a Caia dall'ex convivente Sempronio, sulla base di una lettura coordinata dei commi 36 e 65 dell'art. 1 della c.d. Legge Cirinnà.

# QUESITO n. 6

## Il profilo causale dei contratti derivati: causa astratta, causa concreta e il problema del collegamento negoziale.

di Carlo Attanasio

*(Cass., sez. un., 12 maggio 2020, n. 8770)*

**Tizio, volendo acquistare un immobile da Caio, stipula – in assenza di garanzie aggiuntive – un contratto di mutuo fondiario, a tasso variabile, con la banca Alfa, diretto a finanziare una somma pari al valore dell'immobile in oggetto. Contestualmente al suddetto contratto, Tizio stipula altresì con la stessa banca un contratto di Interest rate swap, dove però non sono correttamente precisati il mark to market del contratto e le modalità del suo calcolo, oltre a non essere indicati gli scenari probabilistici relativi alla fluttuazione futura dei tassi di interesse.**

**In seguito al mancato pagamento, da parte di Tizio, di tre rate consecutive del mutuo, su richiesta della banca Alfa viene emesso nei confronti di Tizio un decreto ingiuntivo, al quale lo stesso Tizio si oppone. Tuttavia, nel giudizio di opposizione, il giudice rileva d'ufficio e dichiara la nullità del contratto di mutuo per violazione del limite di finanziabilità ricavabile dall'art. 38 TUB.**
**Ciononostante, alla scadenza stabilita nel contratto di IRS, Tizio si ritrova debitore della banca Alfa di una somma considerevole, dovuta al crollo del tasso di interesse variabile previsto originariamente nel contratto di mutuo. Esigendo tale somma, su istanza della banca Alfa il Tribunale emette nei confronti di Tizio di un decreto ingiuntivo. Tizio,**

**non avendo intenzione di pagare la somma richiesta dalla banca Alfa si rivolge al proprio avvocato.**
**Assunte le vesti dell'avvocato di Tizio, il candidato esamini le questioni sottese alla traccia e delinei un'ipotesi di soluzione.**

## LETTURA DELLA TRACCIA ED INDIVIDUAZIONE DEI FATTI RILEVANTI

Dalla lettura della traccia emergono diversi fatti che il candidato dovrà necessariamente tenere in considerazione per poter offrire una soluzione adeguata al caso prospettato.
Innanzitutto, l'attenzione deve essere posta **sulle tipologie di contratti** che vengono in discorso:

- un primo contratto di mutuo stipulato tra Tizio e la banca Alfa, dove non deve sfuggire una duplice circostanza, ossia la previsione, da un lato, di un tasso di interesse variabile in relazione alla somma erogata, nonché, dall'altro lato, la misura di tale somma relazionata all'intero valore dell'immobile che Tizio intende acquistare da Caio (ciò che dovrebbe già indurre a ipotizzare una possibile violazione del limite di finanziabilità del mutuo);
- un secondo contratto di *interest rate swap*, che – secondo la traccia – viene stipulato contestualmente al mutuo e tra le medesime parti, ciò che dovrebbe suggerire la finalità di copertura del contratto derivato, in relazione alla possibile fluttuazione negativa del tasso di interesse variabile previsto nel contratto di mutuo, nonché una possibile fattispecie di collegamento negoziale tra i due contratti in discorso.

Altro fatto rilevante è sicuramente la successiva declaratoria di nullità del contratto di mutuo per violazione del limite di finanziabilità, dalla quale discende l'invalidità del contratto di mutuo. Si pone di fronte al candidato, allora, la questione di come tale nullità possa incidere sul contratto derivato. Infine, altro fatto rilevante, ai fini della soluzione del caso, risiede nella circostanza secondo cui, nel contratto di *IRS*, non erano indicati alcuni elementi rilevanti quali il *mark to market*, le modalità del suo calcolo e gli scenari probabilistici della fluttuazione dei tassi; si pone allora il problema di quali possano essere le ripercussioni sul contratto derivato dovute all'assenza dei suddetti elementi.

## INDIVIDUAZIONE DEGLI ISTITUTI GIURIDICI E DEI PRINCIPI GIURISPRUDENZIALI RILEVANTI.

Individuati i fatti rilevanti come sopra indicati, si propone al candidato innanzitutto di premettere brevi cenni sui **contratti derivati** e, in particolare, sul contratto di *IRS* (*Interest Rate Swap*), che ricorre nel caso di specie, soffermandosi specialmente sul loro profilo causale.

Per **contratti derivati** si intendono quei contratti il cui valore appunto "deriva" dall'andamento del valore di un'attività sottostante, che funge da parametro di riferimento; tale attività può avere ad oggetto, ad esempio, titoli azionari, tassi di interesse, tassi di cambio o merci. L'andamento del valore può altresì dipendere dal verificarsi di un evento futuro oggettivamente osservabile. Tra il valore del contratto e quello dell'attività ad esso sottesa sussiste una relazione dalla quale discende il risultato finanziario del derivato, che a seconda delle variazioni dei valori citati potrà essere positivo o negativo. In particolare, tra i contratti derivati possono includersi i contratti *swap* (di cui il contratto *IRS* rappresenta una *species* ulteriore), i quali possono essere definiti come quei contratti dove le parti si obbligano reciprocamente a scambiarsi, alla scadenza di un termine specificato nel contratto, flussi di pagamenti, che possono essere espressi nella stessa valuta o in valute differenti. I suddetti flussi sono determinati sulla base di diversi parametri di riferimento, applicati ad una stessa attività o *asset* sottostante. Per quanto riguarda nello specifico il contratto *IRS*, occorre evidenziare come tramite questo contratto le parti si obbligano a scambiarsi, alla scadenza prefissata, gli interessi prodotti dallo stesso capitale di riferimento, denominato nozionale, in virtù dell'applicazione sul medesimo di diversi tassi di interesse (in genere un tasso fisso ed uno variabile) per un dato periodo di tempo.

Così, il ricavo o la perdita per le parti deriverà dalla differenza delle somme maturate, nel periodo individuato, a titolo di interesse sul capitale nozionale di riferimento. Si tratta di contratti che, pur non avendo una specifica disciplina legislativa, hanno trovato comunque un'ampia diffusione nella prassi operativa, tanto da potersi ritenere "contratti socialmente tipici". I contratti *swap* e, in particolare, quelli *IRS* sono – a differenza di altri contratti derivati come i *futures* – negoziati *over the counter*, ossia al di fuori dei mercati regolamentati, ciò che – non essendo standardizzati e soggetti, dunque, a eteroregolazione – consente alle parti di definirne in piena autonomia il contenuto fondamentale. Sotto il profilo della loro qualificazione giuridica, i contratti derivati – con particolare riguardo al contratto *swap* – possono essere inquadrati tra i contratti aleatori bilaterali, essendo l'alea intrinseca alla stessa natura del contratto derivato. Trattandosi, ad ogni modo, di contratti atipici, la causa di tali contratti deve comunque essere meritevole di tutela ai sensi dell'art. 1322, secondo comma, c.c.

Secondo la giurisprudenza, i rischi che discendono dal contratto derivato devono essere stati assunti dalle parti in maniera consapevole, oltre a dover essere ripartiti proporzionalmente tra le stesse.

**Cass., sez. un., 12 maggio 2020, n. 8770.**

Per la consapevole assunzione del rischio è necessario che, al momento della stipulazione del contratto, entrambe le parti siano messe in condizione di conoscere: *"1) gli scenari; 2) le conseguenze del verificarsi degli eventi; 3) il valore astratto (prezzo) del derivato; 4) gli eventuali costi impliciti; 5) i criteri con cui determinare le penalità in caso di recesso. La conseguenza derivante dall'assenza di tali elementi è la nullità del contratto per indeterminatezza dell'oggetto, in quanto "I contratti derivati atipici sono validi, leciti e meritevoli di tutela solo in presenza, fin dalla loro stipula, di una precisa misurabilità/determinazione dell'oggetto contrattuale, comprensiva sia del criterio del mark to market che degli scenari probabilistici e dei cd. costi occulti"*.

**Corte App. Milano, 18 settembre 2013.**

La nullità del contratto derivato per l'assenza dei suddetti elementi, che farebbero venir meno il carattere "razionale" dell'alea, è stato in altre circostanze riferito dalla giurisprudenza al difetto di causa del contratto per mancanza del requisito di meritevolezza *ex* art. 1322, secondo comma, c.c. In questo senso si veda, ad esempio, Corte App. Milano, 18 settembre 2013 secondo cui: *"Perché l'alea possa considerarsi razionale debbono essere definiti e conosciuti "ex ante" i suoi elementi da entrambe le parti. In mancanza, il contratto deve ritenersi nullo per difetto di causa. La circostanza che, al momento della conclusione del contratto, l'investitore non conosca il c.d. "mark to market" e che questo elemento non rientri nel contenuto dell'accordo, comporta la radicale nullità dei contratti di "interest rate swap", perché esclude che l'investitore abbia potuto concludere la scommessa conoscendo il grado di rischio assunto, laddove, per contro, l'intermediario aveva perfetta conoscenza del proprio rischio avendolo misurato scientificamente e su di esso predisposto lo strumento finanziario"*.

Altra figura che può assumere un rilievo decisivo ai fini della soluzione del caso *de quo* e che andrebbe approfondita in questa sede è quella del **collegamento negoziale**, con particolare riferimento al collegamento volontario funzionale. Questa fattispecie di collegamento negoziale è ormai pacificamente definita dalla giurisprudenza di legittimità come quella operazione dove le parti, nell'esercizio della loro autonomia negoziale, danno vita a distinti contratti che mantengono una propria causa autonoma e conservano l'individualità di ciascun tipo negoziale. Tali contratti, oltre a rimanere comunque assoggettati alla rispettiva disciplina negoziale, vengono ideati e concepiti come funzionalmente e teleologicamente collegati tra di loro e posti in rapporto di reciproca dipendenza, per il perseguimento di uno scopo economico unitario e comune. Sarebbero dunque due gli elementi che caratterizzano il collegamento volontario funzionale: uno soggettivo, c.d. *animus colligandi*, rinvenibile nella volontà delle parti di coordinare i diversi contratti al fine di indirizzarli verso la realizzazione di uno scopo comune; uno oggettivo, ossia lo stretto nesso economico o teleologico che avvince i contratti collegati e determina l'interdipendenza tra gli stessi. In altri termini, il collegamento volontario funzionale inciderebbe sulla validità e sugli effetti dei contratti collegati, con la conseguenza che – in virtù del collegamento e della interdipendenza funzionale che ne deriva – le vicende patologiche di uno si ripercuotono anche sull'altro (o sugli altri).

Secondo un altro profilo, il collegamento contrattuale trarrebbe il proprio fondamento dal principio di autonomia negoziale di cui all'art. 1322 c.c., il quale riconoscerebbe così ai privati uno strumento "atipico" che consente di declinare la propria autonomia nel senso di combinare tra loro distinti negozi, causalmente indipendenti ed autonomi, al fine di perseguire un più adeguato assetto dei propri interessi, tramite la realizzazione di uno scopo economico unitario. L'aspetto del collegamento negoziale che maggiormente rileva ai fini del presente discorso è certamente il nesso funzionale e di interdipendenza che viene ad instaurarsi tra i contratti coinvolti nel collegamento stesso. Tale rapporto di interdipendenza tra i contratti collegati determinerebbe la comunicabilità dei vizi di uno (quali l'invalidità, l'inefficacia, la rescindibilità o la risolubilità), anche agli altri, in piena applicazione del brocardo latino *simul stabunt, simul cadent*, secondo cui posto che i singoli negozi "stanno insieme", proprio in virtù del collegamento, dovrebbero necessariamente "cadere insieme", qualora – per qualsiasi causa – uno di essi dovesse venire a mancare.

## Cass., 27 marzo 2007, n. 7524.

Tale impostazione è pacificamente condivisa dalla giurisprudenza. Si veda in proposito, *ex multis*, Cass., 27 marzo 2007, n. 7524 , la quale ha precisato come "*Nel caso di negozi collegati, il collegamento deve ritenersi meramente occasionale quando le singole dichiarazioni, strutturalmente e funzionalmente autonome, siano solo casualmente riunite, mantenendo l'individualità propria di ciascun tipo negoziale in cui esse si inquadrano, sicché la loro unione non influenza la disciplina dei singoli negozi in cui si sostanziano; il collegamento è, invece, funzionale quando i diversi e distinti negozi, cui le parti diano vita nell'esercizio della loro autonomia negoziale, pur conservando l'individualità propria di ciascun tipo, vengono tuttavia concepiti e voluti come avvinti teleologicamente da un nesso di reciproca interdipendenza, per cui le vicende dell'uno debbano ripercuotersi sull'altro, condizionandone la validità e l'efficacia[…].*".

La suddetta comunicabilità, tuttavia, non deve intendersi come trasmissibilità ai contratti collegati del medesimo vizio che ha colpito uno di essi, quanto piuttosto come "reazione" a tale vizio. Questa reazione può essere ben compresa alla luce della teoria della causa concreta. Difatti, se le parti hanno inteso porre in essere il collegamento negoziale al fine di perseguire concretamente un determinato scopo, qualora uno dei contratti collegati dovesse venir meno per qualsiasi motivo, l'intera operazione economico-unitaria diventerebbe impossibile e lo scopo concreto voluto dalle parti sarebbe frustrato. Allo stesso modo, posto che anche i singoli contratti coinvolti nel collegamento erano stati posti in essere dalle parti al fine di realizzare, tramite il loro coordinamento, l'unitaria operazione economica complessiva, l'impossibile realizzazione di questa rende dunque i singoli contratti, ad essa preordinati, del tutto inutili. Ne deriva che, nell'ipotesi appena evidenziata, sia la complessiva operazione di collegamento negoziale, sia i singoli contratti che di essa fanno parte, risulterebbero essere privi di causa in concreto. Tuttavia, resta comunque oggetto di discussione il rimedio concretamente applicabile, dipendendo quest'ultimo dalla qualificazione del difetto di causa come genetico ovvero come funzionale.

## PERCORSO LOGICO ARGOMENTATIVO

Alla luce dei principi sopra esposti possono effettuarsi le seguenti considerazioni in riferimento al caso concreto prospettato nella traccia.

Il contratto di *Interest rate* swap, stipulato tra Tizio e la banca Alfa, si esporrebbe alla censura di nullità sotto un duplice e distinto profilo.

Innanzitutto, si potrebbe delineare un collegamento volontario funzionale tra il contratto di mutuo concluso da Tizio e la banca Alfa e lo stesso contratto *IRS* che intercorre tra le medesime parti. Si è infatti detto che i contratti derivati sono contratti atipici a causa variabile, l'accertamento della quale deve avvenire da parte del giudice attraverso una valutazione da condurre caso per caso. Nel caso di specie, appare evidente la volontà dei contraenti di concludere il contratto derivato, al fine di assicurare Tizio contro il rischio derivante dalla possibile oscillazione, in *pejus*, del tasso di interesse variabile applicato al finanziamento erogato tramite il mutuo. Tale evidenza emerge pianamente dalla considerazione di due circostanze, le quali potrebbero essere agilmente valutate dal giudice al fine di accertare in concreto la causa di copertura del rischio, che sono: in primo luogo, la contestualità dei due contratti e l'identità delle parti; in secondo luogo, la considerazione nel contratto di *IRS* del medesimo tasso variabile applicato al contratto di mutuo.

L'insieme delle suddette circostanze, oltre ad indurre a rinvenire la causa concreta del derivato nella finalità di copertura di un rischio, dovrebbe far propendere per inquadrare i rapporti tra i citati contratti nel contesto di un collegamento contrattuale. Difatti, l'operazione qui descritta è molto diffusa nella prassi e prende il nome di *hedging*. Tramite l'*hedging* è appunto possibile coprire il rischio di fluttuazioni sfavorevoli dei tassi di interesse sui mutui in essere, ovvero di tassi variabili di contratti di finanziamento, i quali sono ricollegati al contratto swap. Per tali motivi non dovrebbe revocarsi in dubbio l'esistenza, nel caso proposto, di un collegamento negoziale tra contratto di mutuo e contratto *IRS*. Se quanto detto corrisponde a verità, allora, occorre evidenziare come tra i due contratti collegati intercorra un rapporto di interdipendenza funzionale, tale per cui le vicende dell'uno si ripercuotono sull'altro condizionandone la validità (v. **Cass., 27 marzo 2007, n. 7524**). Nel caso di specie, si è detto come il contratto di mutuo sia stato successivamente dichiarato nullo, per superamento del limite di finanziabilità, in violazione dell'art. 38 TUB, poiché diretto a finanziare una somma corrispondente ad una percentuale del valore dell'immobile superiore rispetto a quella massima ammessa dalla legge (80%), in assenza di specifiche ed integrative garanzie che nella fattispecie prospettata non paiono essere state offerte. Come ha avuto modo di chiarire recentemente la giurisprudenza di legittimità (si veda **Cass., ord. 21 gennaio 2020, n. 1193**), il limite di finanziabilità rappresenta elemento essenziale del contratto, con la conseguenza che la sua violazione determina la nullità assoluta del contratto di mutuo, sicuramente rilevabile d'ufficio, in quanto tale limite è posto a tutela dell'ordine pubblico. La nullità del contratto di mutuo incide ovviamente – nella prospettiva del collegamento negoziale – sul contratto derivato, non soltanto perché, come detto, le vicende patologiche che colpiscono uno dei contratti collegati si comunicano anche agli altri, ma anche perché la complessiva operazione economica unitaria posta in essere dalle parti diviene del tutto inutile nel momento in cui il contratto di mutuo sia dichiarato nullo. Difatti, se lo scopo perseguito dalle parti era quello di realizzare la finalità di copertura del rischio derivante dalla possibile fluttuazione negativa del tasso di interesse variabile applicato al mutuo, è di piena evidenza che la dichiarazione di nullità di quest'ultimo rende inutile l'intera operazione, poiché verrebbe meno anche il tasso di interesse fonte di rischi da coprire attraverso il contratto derivato. Se la complessiva operazione economica sottesa al collegamento negoziale diviene inutile, *a fortiori* saranno inutili anche i singoli contratti collegati e, nella specie, il contratto di *IRS* concluso da Tizio con la

banca Alfa, in quanto del tutto privo di causa in concreto. Pertanto, è possibile affermare senza timore di smentita che dalla dichiarata nullità del contratto di mutuo deriva inevitabilmente la nullità del suddetto contratto derivato.
Alla medesima conclusione si potrebbe giungere, tra l'altro, per altra via. Si è detto in precedenza che i contratti derivati, tra i quali i contratti *IRS*, sono contratti atipici aleatori. Per superare il vaglio di meritevolezza di cui all'art. 1322, secondo comma, c.c. tale alea deve essere "razionale". Ciò significa che si deve consentire nel contratto la piena misurabilità o conoscibilità dell'alea da parte dei contraenti, in modo che questi siano in grado di valutare adeguatamente e con certezza il rischio che con la stipulazione dello stesso essi assumono. Così, come affermato dalla giurisprudenza (v. **C. App. Milano, 18 settembre 2013**), è possibile affermare l'immeritevolezza di tutela giuridica del contratto atipico in discorso – con conseguente affermazione della sua nullità – in caso di mancata conoscenza, da parte del cliente, delle percentuali di rischio derivanti dal contratto, del valore di mercato del derivato (c.d. *mark to market*), dell'esistenza di eventuali ed ulteriori oneri connessi all'operazione finanziaria, nonché degli scenari probabilistici di fluttuazione dei tassi. Nel caso di specie, nel contratto di *IRS* non erano determinati né il *mark to market* iniziale, né le specifiche modalità per il suo calcolo in caso di interruzione anticipata del rapporto, né ancora gli scenari probabilistici.

L'indicazione del valore di mercato inziale del derivato è molto importante perché tale valore non sempre è nullo (o neutro, ovvero ancora *par*), come avviene quando le prestazioni delle parti risultano agganciate al livello corrente dei tassi di interesse, bensì il valore può anche essere negativo (si parla in proposito di contratto derivato *non par*) per una delle parti (nella maggior parte dei casi la controparte non professionale), quando uno dei due flussi di pagamento non riflette il livello dei tassi di mercato. In presenza di un contratto *swap non par*, l'intermediario (in genere la banca) è tenuto a riequilibrare le condizioni in favore del soggetto che ha accettato condizioni per lui originariamente squilibrate, attraverso la corresponsione di una somma di denaro che compensi l'iniziale valore negativo del contratto, tale somma prende il nome di *upfront*. Ora, è chiaro che se nel contratto derivato non è indicato il *mark to market*, in presenza di un contratto *non par* il contraente non professionale stipulerà un contratto *ab origine* squilibrato in suo sfavore, non avendo gli strumenti per una adeguata valutazione e ponderazione del rischio.

La pratica scorretta di non indicare nel contratto il *mark to market* ha lo scopo di introdurre nel contratto delle commissioni implicite (o costi occulti) in favore della banca, poiché questa, in caso di contratto *swap non par* non sarà tenuta a compensare tale iniziale svantaggio attraverso il riconoscimento dell'*upfront* alla controparte. Allo stesso modo, nel contratto *swap* devono essere indicati anche gli scenari probabilisti di fluttuazione futura dei tassi, in modo da consentire alla parte non professionale di valutare compiutamente il rischio che deriva dal contratto e decidere consapevolmente se assumerlo o meno. La mancata indicazione del *mark to market* e degli scenari probabilistici nei contratti derivati non soltanto comporta la violazione dei doveri di informazione di cui all'art. 21 TUF, ma secondo la giurisprudenza potrebbe incidere o sulla stessa causa del contratto derivato, la quale si caratterizzerebbe per un alea priva del necessario requisito della "razionalità", ciò che osterebbe al riconoscimento della sua meritevolezza ai sensi del citato artt. 1322, secondo comma, c.c. (si veda in proposito **C. App. Milano, 18 settembre 2013**), oppure direttamente sull'oggetto del contratto che sarebbe – in assenza dei suddetti elementi – indeterminabile (cfr. da ultimo **Cass., sez. un., 12 maggio 2020, n. 8770**).

Tuttavia, è bene chiarire che l'impostazione adottata dalle Sezioni Unite è stata oggetto di critiche, in quanto presuppone un netto distacco dalla tradizionale distinzione tra regole di comportamento e regole di validità, che riconduceva la conseguenza della nullità esclusivamente alla violazione delle regole di validità. In tale pronuncia, invece, la Suprema Corte ha attratto la violazione di regole di comportamento (come il mancato adempimento di obblighi informativi) nella sfera dell'oggetto contrattuale, che invece atterrebbe più propriamente al campo della validità. Ad ogni modo, l'autorevolezza e l'importanza della pronuncia da ultimo richiamata giustifica in questa sede un ragionevole affidamento su un possibile e definitivo consolidamento di tale ricostruzione nella futura giurisprudenza in materia. Per tale motivo, aderendo all'impostazione sopra esplicitata, è possibile ritenere il contratto *IRS*, concluso tra Tizio e la banca Alfa, nullo o per difetto di causa meritevole, ai sensi del combinato disposto di cui agli artt. 1418, secondo comma e 1322, secondo comma c.c., in virtù dell'assenza, nel caso di specie, di un'alea "razionale", ovvero per indeterminatezza dell'oggetto, ai sensi del combinato disposto di cui agli artt. 1418, secondo comma e 1346 c.c., posta in entrambi i casi la mancata specificazione nel contratto di elementi (quali il *mark to market*, le modalità del suo calcolo, gli scenari probabilistici della fluttuazione futura dei tassi) che impediscono a Tizio di assumere consapevolmente il rischio derivante dal contratto.

## PROPOSTA DI SOLUZIONE

Tutto ciò premesso e considerato, si propone al candidato di indirizzare Tizio verso l'opposizione al decreto ingiuntivo emesso su richiesta della banca Alfa, chiedendo al Tribunale, in via primaria, di accertare l'esistenza del collegamento negoziale tra contratto di mutuo e contratto *IRS* e, considerata la nullità già dichiarata in precedenza del contratto di mutuo, di dichiarare la nullità del contratto *IRS* per difetto di causa in concreto della complessiva operazione economica, nonché, di riflesso, del singolo contratto *swap* ad essa preordinato, ai sensi del combinato disposto degli artt. 1418, secondo comma e 1325 c.c.

In via secondaria e alternativa il candidato potrebbe proporre a Tizio di chiedere al Tribunale la dichiarazione (una volta accertata la mancata indicazione nel contratto di elementi essenziali quali il *mark to market*, le modalità del suo calcolo e gli scenari probabilistici) della nullità del contratto *IRS*, per difetto di causa meritevole, ai sensi del combinato disposto di cui agli artt. 1418, secondo comma e 1322, secondo comma c.c., per assenza dell'alea "razionale", ovvero per indeterminatezza dell'oggetto, ai sensi del combinato disposto degli artt. 1418, secondo comma e 1346 c.c., in quanto si preclude in ogni caso a Tizio una consapevole e ponderata assunzione del rischio derivante dal contratto. In via subordinata si propone di chiedere al giudice il risarcimento del danno, in virtù della responsabilità precontrattuale gravante sulla banca Alfa, a causa della condotta contraria a buona fede consistente nell'inadempimento degli obblighi informativi di cui all'art. 21 TUF.

# QUESITO n. 7

## La rinuncia abdicativa al diritto di proprietà immobiliare: ammissibilità nella disciplina delle espropriazioni per pubblica utilità.

di Massimiliano Fadda

*(Cons. di Stato, Adunanza Plenaria, 13 novembre 2019, dep. 20 gennaio 2020, nn. 2 – 4, Pres. Patroni Griffi, Est. Lotti/Lageder)*

**Tizio è proprietario del terreno, interamente dedicato alla coltura di alberi da frutta, sito in territorio del Comune di Latina, distinto in catasto al foglio 1, particella 2, di mq 1.000.**
**Con deliberazione della Giunta Comunale n. 1 del 10 gennaio 2017, l'Amministrazione locale ha approvato il progetto dei lavori per la realizzazione di una area parcheggio che, tra l'altro, interessa altresì l'intero terreno di proprietà di Tizio.**
**Ai sensi della l. reg. - Lazio 17 agosto 1974, n. 41, e ss.mm.ii. e dell'art. 1 l. n. 3 gennaio 1978, n. 1, l'opera è stata dichiarata di pubblica utilità, nonché indifferibile e urgente.**

**Con successiva deliberazione della Giunta Comunale n. 2 del 15 luglio 2017 è stata disposta l'occupazione in via d'urgenza del su indicato terreno, per l'intera superficie.**
**Malgrado la PA competente non abbia mai ritualmente adottato i provvedimenti espropriativi, l'Amministrazione Comunale ha, di fatto, utilizzato l'area per la realizzazione dell'opera, concludendo i**

lavori nel dicembre 2017, irreversibilmente trasformando il terreno in questione, in assenza dell'atto di esproprio.
In ragione della irreversibile trasformazione del bene, Tizio non ha più alcun interesse alla restituzione ed al mantenimento, sullo stesso, del diritto di proprietà.

Con lettera raccomandata a.r. del 15 gennaio 2020, a propria firma, Tizio ha chiesto all'Amministrazione Comunale il risarcimento del danno con emissione del provvedimento acquisitivo, senza alcun esito.
Il candidato, assunte le vesti del legale di Tizio elabori un parere motivato, illustrando le questioni giuridiche sottese al caso in esame ed indicando la linea difensiva più utile a tutelare la posizione del proprio assistito.

## LETTURA DELLA TRACCIA ED INDIVIDUAZIONE DEI FATTI RILEVANTI.

La questione in esame richiede inizialmente **la puntuale individuazione e ricostruzione degli istituti di creazione giurisprudenziale ai quali si è tradizionalmente fatto riferimento al fine di apprestare tutela nei casi di occupazione illegittima di un suolo privato da parte della PA**.

Successivamente si dovrà rivolgere l'attenzione alla disciplina vigente introdotta sotto la spinta delle pronunce della CEDU e della Corte Costituzionale. Infine, risulta determinante l'individuazione del corrente orientamento giurisprudenziale. Emerge chiaramente dalla lettura della traccia come la questione in esame richieda l'analisi di temi che abbracciano sia il diritto civile che il diritto amministrativo.

Gli ***elementi di fatto e di diritto di rilievo*** di cui occorre tenere conto possono essere individuati riassuntivamente nei seguenti punti: a) illecita ed illegittima apprensione di un bene di proprietà di un soggetto privato da parte della Pubblica Amministrazione; b) irreversibile trasformazione del bene a seguito della realizzazione dell'opera; c) perdita di interesse, da parte del proprietario, alla restituzione ed al mantenimento del diritto di proprietà sul bene; d) inerzia della PA.

## INDIVIDUAZIONE DEGLI ISTITUTI GIURIDICI E DEI PRINCIPI GIURISPRUDENZIALI RILEVANTI.

Il caso in esame riguarda i rapporti **tra il diritto di proprietà su un bene immobile del privato, l'attività illegittimamente posta in essere dalla PA ed il perseguimento del pubblico interesse**.
Pertanto, occorre preliminarmente procedere ad una breve ricostruzione degli istituti giuridici che, in ordine di tempo, sono stati a posti a fondamento delle decisioni dei giudici ordinari e amministrativi e delle enunciazioni dei principi di diritto che hanno segnato l'evoluzione giurisprudenziale.

### L'OCCUPAZIONE ACQUISITIVA, DEROGA AL PRINCIPIO "*SUPERFICIES SOLO CEDIT*" – CASS. SS.UU. 26 FEBBRAIO 1983.

Tale istituto, di origine pretoria, trova origine nella sentenza della Corte di Cassazione, Sezioni Unite, del 26 febbraio 1983, n. 1464, al fine di fornire legittimazione ai casi di occupazione di un immobile di proprietà di un privato, da parte di una Pubblica Amministrazione, in assenza del decreto di esproprio, con realizzazione di opere che ne abbiano determinato la irreversibile modificazione; da intendersi come realizzazione di opere destinate in via permanente al soddisfacimento di un pubblico interesse.
Secondo l'orientamento giurisprudenziale seguito dalle Sezioni Unite, la costruzione dell'opera pubblica avrebbe determinato l'effetto estintivo del diritto di proprietà sul suolo privato illecitamente occupato.
Pertanto, al privato non sarebbe stato consentito accedere alla tutela della reintegrazione in forma specifica.

Tuttavia, proprio l'illegittimità dell'attività posta in essere dalla Pubblica Amministrazione avrebbe impedito l'effetto appropriativo del bene in favore della stessa.

D'altro canto, se fosse stato necessario emanare, seppur tardivamente (ad esempio durante il giudizio risarcitorio), il decreto di esproprio al fine di ottenere l'acquisizione del bene in capo all'Amministrazione, si sarebbe determinato un effetto sanante *ex nunc* dell'attività dell'Amministrazione che avrebbe iniziato ad operare all'interno della legalità provvedimentale, con conseguente riconoscimento, in favore del proprietario, del solo indennizzo relativo alla perdita temporanea del godimento del bene durante la condotta illecita della Pubblica Amministrazione.

La ricostruzione operata dalla predetta sentenza avrebbe individuato nel completamento dell'opera pubblica o, comunque, nella irreversibile trasformazione del fondo sia la fattispecie acquisitiva-estintiva del diritto di proprietà, sia il momento di consumazione dell'illecito, configurato come istantaneo ad effetti permanenti.
Pertanto, ove il giudice di merito avesse ritenuto configurata tale ipotesi, all'estinzione del diritto di proprietà del privato sarebbe conseguita la contestuale acquisizione a titolo originario della proprietà del suolo in capo all'Amministrazione che avesse operato l'illecito.

Per contro, la consumazione dell'illecito avrebbe conferito al proprietario titolo, nel termine prescrizionale di cinque anni dalla trasformazione del fondo, ad ottenere il risarcimento del danno derivante dalla perdita del diritto di proprietà, pari al valore del bene al fino al momento della predetta trasformazione, nonché al risarcimento del danno derivato dal mancato godimento del fondo nel periodo di occupazione illegittima precedente all'estinzione del diritto di proprietà, oltre rivalutazione.
Si sarebbe così delineata una deroga al principio *superficies solo cedit*, facendo ricorso all'istituto della accessione invertita, mediante una forzatura della sfera d'incidenza tracciata dall'art. 938 c.c.

Le Sezioni Unite avrebbero ravvisato, nella disciplina codicistica, la regola secondo la quale il conflitto tra costruttore e proprietario andrebbe risolto nell'attribuzione della proprietà sia del suolo sia della costruzione al soggetto portatore dell'interesse ritenuto prevalente secondo una valutazione d'ordine economico-sociale; in ossequio alla "funzione sociale" della proprietà sancita all'art. 42 della Costituzione.

## L'occupazione provvedimentale o acquisizione sanante – Art. 43 del DPR n. 327/2001 – Cass. SS. UU. 19 gennaio 2015, n. 735.

A seguito delle censure mosse dalla CEDU, al predetto istituto, per la lesione del principio di legalità statuito dall'art. 1 del Primo Protocollo addizionale alla Convenzione EDU, il legislatore aveva introdotto l'art. 43 del DPR n. 327/2001, disponendo un meccanismo sanante dell'attività illegittima dell'Amministrazione che abbia modificato un fondo in assenza di un valido titolo di esproprio o dichiarativo di pubblica utilità, adottando un provvedimento di acquisizione, previa ponderazione degli interessi in conflitto.

Tuttavia, con sentenza n. 293 del 2010, la Corte Costituzionale ha dichiarato l'incostituzionalità dell'art. 43 per eccesso di delega, in quanto la norma in questione si era limitata a trasporre un istituto in grado di perpetrare le stesse negative conseguenze derivanti dall'espropriazione indiretta.

Per colmare il vuoto normativo, l'art. 34 comma 1 del D.l. n. 98/2011 ha introdotto l'art. 42 *bis* rubricato: "*Utilizzazione senza titolo di un bene per scopi di interesse pubblico*".

La norma in questione prevede che l'Autorità che utilizzi *sine titulo* un bene immobile per scopi di interesse pubblico, dopo aver valutato, con un procedimento d'ufficio, gli interessi in conflitto, adotti un provvedimento conclusivo del procedimento con cui scelga se (sussistendo ragioni attuali ed eccezionali di prevalenti esigenze pubbliche) acquisire, con effetti ex nunc, il bene al suo patrimonio indisponibile, con corresponsione al proprietario di un indennizzo per il pregiudizio patrimoniale e non patrimoniale sofferto oppure restituirlo, previa riduzione in pristino, provvedendo al risarcimento del danno; al fine di adeguare la situazione di diritto a quella di fatto.

Il definitivo tramonto dell'automatismo "irreversibile trasformazione del fondo/fattispecie acquisitiva-estintiva del diritto di proprietà" ha sollevato questioni interpretative sulla sorte del diritto di proprietà sull'immobile oggetto di occupazione illegittima, in caso di inerzia della PA, che parevano aver trovato soluzione mediante il ricorso all'istituto della rinuncia abdicativa al diritto di proprietà, a seguito dell'intervento delle Sezioni Unite, con l'enunciazione del seguente principio di diritto:

"*L'illecito spossessamento del privato da parte della P.A. e l'irreversibile trasformazione del suo terreno per la costruzione di un'opera pubblica non danno luogo, anche quando vi sia stata dichiarazione di pubblica utilità, all'acquisto dell'area da parte dell'Amministrazione ed il privato ha diritto a chiederne la restituzione salvo che non decida di abdicare al suo diritto e chiedere il risarcimento del danno. Il privato, inoltre, ha diritto al risarcimento dei danni per il periodo, non coperto dall'eventuale occupazione legittima, durante il quale ha subito la perdita delle utilità ricavabili dal terreno e ciò sino al momento della restituzione ovvero sino al momento in cui ha chiesto il risarcimento del danno per equivalente, abdicando alla proprietà del terreno. Ne consegue che la prescrizione quinquennale del diritto al risarcimento dei danni decorre dalle singole annualità, quanto al danno per la perdita del godimento, e dalla data della domanda, quanto alla reintegrazione per equivalente*", Cass. civ., Sez. Un., 19 gennaio 2015, n. 735; nel medesimo senso: Cass. civ., sez. I, 7 marzo 2017, n. 5686; Cass. civ., sez. I, 24 maggio 2018, n. 12961; Cass. civ., Sez. Un., 6 febbraio 2019, n. 3517-2019; Consiglio di Stato, Adunanza Plenaria, 9 febbraio 2016, n. 2; Consiglio di Stato, sez. IV, 13 agosto 2019, n. 5703.

## LA RINUNCIA ABDICATIVA AL DIRITTO DI PROPRIETÀ IMMOBILIARE.

Benché il legislatore non abbia espressamente ed organicamente disciplinato l'istituto della rinuncia abdicativa, la prevalente e tradizionale dottrina ne ha, fin da sempre, affermato la sua ammissibilità anche al di fuori delle fattispecie espressamente normate.
In dottrina e in giurisprudenza la rinuncia abdicativa è stata ricostruita come il negozio giuridico unilaterale, non recettizio, mediante il quale il rinunciante dismette una situazione giuridica dal proprio patrimonio; dunque, l'effetto essenziale della dichiarazione negoziale è puramente abdicativo.
Gli ulteriori effetti derivanti dalla rinuncia in argomento, quali l'estinzione o l'acquisto in capo ad altri soggetti, avrebbero esclusivamente carattere eventuale, non essendo direttamente ricollegabili all'intento negoziale e non connessi al contenuto causale dell'atto, ma quale effetto di legge.

La rinuncia si configura come una facoltà, connaturale ad ogni diritto disponibile, che compete esclusivamente al titolare della situazione giuridica oggetto di dismissione, senza che sia necessario il consenso di alcun altro soggetto affinché produca i suoi effetti; onde la natura unilaterale del negozio abdicativo.
Alla dismissione mera o pura del diritto consegue che, laddove non estinto, esso sarà acquistato a titolo originario da un altro soggetto.
Si parla, infatti, di negozi abdicativi puri o meramente abdicativi, per differenziare la figura in esame dalla cosiddetta rinuncia traslativa o dietro corrispettivo, laddove l'atto di dismissione si inserisca in un programma negoziale più ampio, un contratto atipico, sinallagmatico, rientrante nella autonomia e disponibilità delle parti, ex 1322, comma 2, c.c., che comporta intenzionalmente l'acquisto a titolo derivativo del diritto rinunciato da parte di altro soggetto, spesso a titolo oneroso.
A tal proposito occorre evidenziare il carattere neutro dei negozi in argomento, non potendosi ricondurre né alla categoria dell'onerosità né a quella della gratuità, stante l'effetto meramente abdicativo.

Come è evidente il negozio di rinuncia deve avere ad oggetto un diritto disponibile.

Parte della dottrina ritiene che il negozio in esame sia incompatibile con la disciplina propria della causa, in quanto la causa consisterebbe di per sé nella mera dismissione del diritto, per conseguenza si configurerebbe come un c.d. “patto nudo”, sempre meritevole di tutela, che non potrebbe mai essere dichiarato nullo per illiceità della causa.
Mentre, secondo l’orientamento dottrinale che aderisce alla tesi della “causa in concreto”, ossia come “funzione economico-individuale”, che tiene conto degli interessi concretamente perseguiti, la rinuncia abdicativa dovrebbe perseguire anche un interesse meritevole di tutela, in caso contrario sarebbe nullo.

Altra parte della dottrina sostiene che il limite imposto al secondo comma dell’art. 1322 c.c. non si possa applicare alla fattispecie in questione in quanto negozio unilaterale privo di contenuto patrimoniale; dunque, privo del requisito per l’applicazione ai negozi unilaterali della disciplina sui contratti di cui all’art. 1324 c.c. e, quindi, di quella sulla causa illecita.
In particolare, la rinuncia abdicativa al diritto di proprietà immobiliare è stata considerata ammissibile dalla prevalente dottrina e giurisprudenza, principalmente sulla scorta del carattere disponibile del diritto di proprietà.
Infatti, la rinuncia costituisce una facoltà insita nella titolarità di ogni diritto disponibile e, per contro, proprio nella disponibilità del diritto trova il suo unico limite quanto all’oggetto.

Un fondamentale riscontro normativo si rinverrebbe, come si vedrà in seguito, proprio nella previsione della forma scritta e dell’onere della trascrizione per la rinuncia dei diritti reali in genere, rispettivamente art. 1350, n. 5, e art. 2643, n. 5, c.c.
Inoltre, a favore della rinunciabilità al diritto di proprietà, anche laddove abbia ad oggetto beni immobili, si evidenzia come lo stesso codice civile contempli specifiche fattispecie di rinuncia, come nel caso

dell'art. 882 (riparazioni del muro comune) o dell'art. 1104 (spese della comunione).

Orbene, in tali casi, l'espressa previsione normativa non deve essere intesa e letta "a contrario", vale a dire nel senso che la rinuncia abdicativa sia possibile solo ed esclusivamente ove prevista dal legislatore, bensì nel senso che l'atto di rinuncia possa produrre l'ulteriore effetto liberatorio *ex tunc* (cd. rinuncia liberatoria) unicamente laddove espressamente previsto da una norma.
Altresì, l'attuale formulazione dell'art. 1118, comma 2, c.c., che dispone a carico del condomino il divieto di rinuncia "al suo diritto sulle parti comuni" (dettato al solo fine di evitare che la rinuncia in esame sia un escamotage per sottrarsi unicamente al pagamento delle spese di conservazione, continuando ad usufruire delle parti comuni), va letta nel senso che al di fuori di detta ipotesi, il diritto di proprietà sia suscettibile di rinuncia, non sussistendo, in caso contrario, alcuna ragione di sancire un simile specifico divieto.

Legittimato alla rinuncia è il proprietario del bene; trattandosi di atto negoziale è richiesta la capacità di agire ex art. 2 c.c.

Pertanto, se il proprietario del bene immobile è un minore, trattandosi di atto di disposizione, dunque, di straordinaria amministrazione, dovrà essere compiuto congiuntamente dai genitori, previa autorizzazione del giudice tutelare, da concedersi nei soli casi di necessità od utilità evidente, ai sensi dell'art. 320 c.c.; in difetto l'atto di rinuncia è annullabile a norma dell'art. 322 c.c.
Qualora proprietario del bene immobile sia un soggetto interdetto o il beneficiario dell'amministrazione di sostegno, il legislatore prevede che il tutore o l'amministratore di sostegno (art. 411 c.c.) debba chiedere l'autorizzazione al tribunale, dovendosi assimilare l'atto di rinuncia all'atto di alienazione, come previsto dall'art. 375 c.c.
Anche l'atto compiuto personalmente dall'interdetto o dal beneficiario dell'amministrazione di sostegno che sia stato privato della capacità di compiere atti dispositivi, nonché l'atto compiuto dal tutore o dal

beneficiario dell'amministrazione di sostegno senza la necessaria autorizzazione è annullabile (art. 377, 412, 1324, 1425 c.c.).
Le medesime considerazioni valgono qualora proprietario del bene immobile sia un minore emancipato o un soggetto inabilitato; l'atto di rinuncia dovrà essere effettuato dall'emancipato o dall'inabilitato con la necessaria assistenza del curatore e l'autorizzazione del giudice tutelare nel caso di emancipazione e curatela affidata ai genitori, tribunale su parere del giudice tutelare negli altri casi, come disposto dagli artt. 394 e 424 c.c.
Anche in questo caso, l'atto compiuto in difformità a quanto disposto è annullabile ai sensi degli artt. 396, 427 c.c.

Poiché l'ordinamento non consente che un bene immobile possa rimanere privo di un soggetto titolare, quindi *res nullius*, una volta intervenuta la rinuncia abdicativa, a norma dell'art. 827 c.c., diverrà proprietà dello Stato; fatta eccezione per i beni immobili vacanti esistenti in Sicilia (art. 34 Statuto), Sardegna (art. 14, comma 3 Statuto) e Trentino-Alto Adige (art. 58, co. 4 Statuto) che diverranno di proprietà del patrimonio regionale.
Come si è già avuto modo di precisare, alla rinuncia abdicativa da parte dell'unico proprietario di un bene immobile corrisponde la mera dismissione del diritto di proprietà, mentre l'acquisto della proprietà da parte dello Stato o delle regioni avviene a titolo originario proprio in virtù del disposto dell'art. 827 c.c.; non essendo un effetto diretto della rinuncia alla proprietà ma derivando da una statuizione dell'ordinamento.
Si è visto come si tratti di un negozio certamente unilaterale, essendo diretto unicamente alla dismissione del diritto, senza produzione effetti nella altrui sfera giuridica; di conseguenza si esclude la necessità di un'accettazione.
Si può escludere la possibilità di un atto di rifiuto da parte dello Stato, il cui acquisto è imposto dalla legge (art. 827 c.c.), poiché l'ordinamento non consente che la proprietà immobiliare divenga *nullius*.

Quanto al carattere recettizio o non recettizio della rinuncia si deve osservare come la dottrina abbia espresso posizioni divergenti.

Secondo un orientamento minoritario, non si potrebbe fornire una soluzione unitaria ma si dovrebbe procedere ad un accertamento caso per caso; in particolare, la recettizietà discenderebbe dal rapporto in cui la rinuncia medesima opera, come nel caso della rinuncia alla quota di comproprietà di cui all'art. 1104 c.c. (rinuncia liberatoria).
In vero, in dottrina è pacifico che, in tema di rinuncia liberatoria, l'atto debba essere portato a conoscenza degli altri comproprietari; tuttavia, il carattere recettizio si collega non alla rinuncia in sé considerata, bensì all'effetto ulteriore che caratterizza la rinuncia liberatoria, la liberazione dall'obbligazione di pagamento anche delle spese anteriori.

La dottrina prevalente e la giurisprudenza ritengono che l'atto di rinuncia abdicativa non sia recettizio; gli effetti tipici del negozio, che si esauriscono nella sfera del dichiarante, non necessitano, per la loro realizzazione, di alcuna comunicazione al terzo.
Mentre il mero abbandono materiale della cosa è sufficiente affinché si realizzi la dismissione del diritto di proprietà su un bene mobile, lo stesso effetto non si produce nel caso del diritto di proprietà su un bene immobile, il cui mero abbandono materiale corrisponderebbe, al più, allo spogliarsi del possesso; il che senza, di per sé, non consente la possibilità di acquisto, a titolo originario, da parte di terzi.
Dunque, quanto alla forma che deve rivestire l'atto di rinuncia al diritto di proprietà su un bene immobile non pare possano sussistere dubbi, è richiesta la forma scritta ad *substantiam* ed è soggetto a trascrizione.
Infatti, gli artt. 1350 e 2643 c.c., prevedono, rispettivamente, che debbano farsi per iscritto e che debbano essere trascritti "gli atti tra vivi di rinuncia ai diritti menzionati nei numeri precedenti", tra i quali vi è anche il diritto di proprietà.
Peraltro, tale previsione apporta ulteriore conferma circa l'ammissibilità della rinuncia al diritto di proprietà immobiliare.
Come si anticipato, la trascrizione dell'atto di rinuncia è espressamente prevista dall'art. 2643, n. 5, c.c.

Autorevole dottrina ha rilevato l'incongruenza tra l'effetto meramente abdicativo della rinuncia, unitamente all'acquisto a titolo originario da parte dello Stato o del terzo e la disciplina della trascrizione della rinuncia.
Dunque, si è ritenuto che legislatore abbia previsto la pubblicità agli stessi effetti degli atti traslativi dal momento che l'effetto abdicativo, anche se indirettamente, costituisce l'antecedente logico-giuridico dell'acquisto non di un terzo indifferenziato ma di un terzo ben individuato dalla legge, rispettivamente nello Stato e nel titolare del diritto di proprietà, a seconda che si rinunci alla proprietà ovvero ad un diritto reale su cosa altrui.

Quanto alle modalità di trascrizione, una parte dottrina ha affermato che la trascrizione dell'atto di rinuncia andrebbe effettuata contro il rinunciante ed a favore dello Stato, mentre altra parte della dottrina ha ritenuto che la trascrizione dovrebbe avvenire, stante la sua natura puramente abdicativa, unicamente contro il rinunciante.
Or bene, poiché il negozio abdicativo, come si è detto, produce i suoi effetti unicamente nella sfera giuridica del rinunciante, è apparso più corretto effettuare la trascrizione unicamente contro il soggetto rinunciante.
Del resto, coerentemente anche gli atti di rinuncia abdicativa a diritti reali limitati vengono trascritti unicamente contro il suo autore e non anche a favore del nudo proprietario.

## Consiglio di Stato, Adunanza Plenaria, 20 gennaio 2020, nn. 2 - 4.

L'assetto giurisprudenziale delineato dalle Sezioni Unite e largamente condiviso sia dal giudice ordinario che da quello amministrativo è stato messo in discussione dalla IV sezione del Consiglio di Stato la quale, con ordinanza di rimessione, ha investito l'Adunanza Plenaria sulla questione di ammissibilità della rinuncia abdicativa implicita nella disciplina delle espropriazioni per pubblica utilità.
L'Adunanza Plenaria del Consiglio di Stato si è pronunciata enunciando i seguenti principi di diritto: "*per le fattispecie disciplinate dall'art. 42-*

*bis TUEs., l'illecito permanente dell'Autorità viene meno nei casi da esso previsti (l'acquisizione del bene o la sua restituzione), salva la conclusione di un contratto traslativo tra le parti, di natura transattiva e la rinuncia abdicativa non può essere ravvisata*" Consiglio di Stato, Adunanza Plenaria, 20 gennaio 2020, n. 2; nel medesimo senso: Consiglio di Stato, Adunanza plenaria, 20 gennaio 2020, nn. 3; e "*Per le fattispecie rientranti nell'ambito di applicazione dell'art. 42-bis d.P.R. n. 327/2001 la rinuncia abdicativa del proprietario del bene occupato* sine titulo *dalla pubblica amministrazione, anche a non voler considerare i profili attinenti alla forma, non costituisce causa di cessazione dell'illecito permanente dell'occupazione senza titolo*" Consiglio di Stato, Adunanza plenaria, 20 gennaio 2020, n. 4.

## PERCORSO LOGICO ARGOMENTATIVO.

Ciò premesso, alla luce degli interventi CEDU e della introduzione del citato art. 42 bis, in relazione alla fattispecie in esame, si può affermare che l'illecito spossessamento e la realizzazione dell'opera, pur in presenza di una irreversibilmente trasformazione del bene, non possano condurre in alcun caso al trasferimento della proprietà del bene in capo all'Amministrazione.
Pertanto, l'attività posta in essere dall'Amministrazione si deve configurare non più come illecito istantaneo ad effetti permanenti ma come illecito permanente, che dà luogo a responsabilità per danni sino al momento della sua cessazione.

La cessazione dell'illecito in questione può aversi per effetto di un provvedimento di acquisizione reso dall'Amministrazione o di restituzione, ai sensi dell'art. 42 bis del t.u. di cui al d.p.r. n. 327/2001; nonché a seguito di un accordo transattivo o, ancora, della compiuta usucapione da parte dell'occupante che lo ha trasformato.
Inoltre, un costante orientamento della Corte di Cassazione, condiviso da numerose pronunce del Consiglio di Stato, ha altresì considerato idonea a determinare la cessazione dell'illecito la rinuncia abdicativa al

diritto di proprietà, ritenuta implicita a seguito della richiesta di risarcimento dei danni per equivalente.
Questa soluzione avvantaggia il privato, consentendogli, all'esito del procedimento amministrativo, di spogliarsi della proprietà di un bene a cui non ha più interesse, a seguito della sua irreversibile modifica, ottenendo l'integrale risarcimento del danno a compensazione della perdita subita e non un mero indennizzo, dovuto in caso di acquisizione, che è solo parametrato al valore del bene.

Peraltro, trattandosi di debito di valore, gli interessi legali e la rivalutazione dovranno essere riconosciuti dalla domanda.
Tuttavia, le recentissime pronunce rese dall'Adunanza Plenaria del Consiglio di Stato nn. 2, 3 e 4 del 20 gennaio 2020 hanno teso a smentire quest'ultimo asserto, censurando, sotto diversi profili, l'applicabilità della rinuncia abdicativa al procedimento espropriativo.
Il giudicante ha osservato come l'istituto in argomento abbia quale effetto mediato ed indiretto l'acquisto a titolo originario della proprietà del bene unicamente in capo allo Stato o, in alcuni casi, alle regioni; tuttavia, qualora l'autorità espropriante fosse diversa da questi ultimi, non si realizzerebbe l'acquisto in capo ad essa ma ad un altro Ente.
L'eventuale ordine di trascrizione della sentenza di condanna risarcitoria non sortirebbe alcun effetto sulle vicende traslative del diritto reale, operando, la trascrizione, in via esclusiva sul piano dell'opponibilità verso terzi degli atti dispositivi di diritti reali.

Inoltre, benché il provvedimento amministrativo possa sussistere anche implicitamente in un determinato comportamento, espressione di una data volontà dell'Amministrazione, o per implicito promanare quale effetto di un provvedimento posto "a monte" dal quale si desuma la volontà amministrativa di disporre in tal senso, tale meccanismo non potrebbe essere trasposto nel diritto privato; cosicché dalla domanda giudiziale di risarcimento del danno per illegittima occupazione non potrebbe trarsi alcuna volontà implicita di rinunciare alla proprietà.
In adesione alle regole civilistiche, dunque, la rinuncia abdicativa richiede la sussistenza di un atto scritto unilaterale e non recettizio anche nel settore dell'espropriazione.

Ancora, sotto il profilo formale la domanda risarcitoria non è sottoscritta dal titolare del diritto, unico legittimato a rinunciarvi, ma dal difensore, munito esclusivamente di procura alle liti, dunque, privo di legittimazione.

Infine, in applicazione del principio di legalità dell'azione amministrativa, non sarebbe possibile introdurre ulteriori meccanismi di acquisizione del bene illegittimamente occupato oltre a quello previsto dall'art. 42-*bis* DPR 327/2001, anche in ossequio al dettato dell'art. 42 comma 4, Costituzione che statuisce che la proprietà privata può essere soggetta a limitazione solo nei "casi espressamente previsti dalla legge"; tra i quali non sembra rientrarvi la rinuncia abdicativa.
Peraltro, la legge non consente né alla parte privata né al giudice di imporre all'Amministrazione, mediante la proposizione della domanda risarcitoria o la decisione sulla stessa, l'obbligo di acquisire il bene, trattandosi di un potere discrezionale della stessa.
Pertanto, il Consiglio di Stato ha ritenuto che la disciplina dell'art.42-*bis* sia esaustiva e, nell'assenza di un vuoto legislativo, non potrebbero legittimarsi meccanismi di origine pretoria, quale quello della rinuncia abdicativa implicita nella domanda risarcitoria, volti a offrire forme di tutela ulteriore.

In conclusione, l'Adunanza plenaria ha statuito che se si ammettesse un trasferimento della proprietà del bene, in via automatica, nella proposizione di una domanda risarcitoria si violerebbe il principio di legalità, avendo il legislatore disciplinato le vicende successive all'occupazione illegittima mediante l'esercizio della facoltà di scelta discrezionale dell'Amministrazione.
L'art. 42 bis configura tale esercizio di scelta come una funzione a carattere doveroso in capo all'Amministrazione, volta a porre fine allo stato illegalità; mentre al privato rimane la potestà di sollecitare la PA, attraverso una correlativa istanza/diffida, all'esercizio del potere/dovere.
A garanzia della effettività della tutela del proprietario leso, nel caso di inerzia da parte della Amministrazione, è esperibile il ricorso avverso il silenzio ex artt. 31 e 117 c.p.a.; nel corso del giudizio di cognizione o

all'esito dello stesso (in alternativa alla fissazione di un termine per provvedere all'acquisizione o alla restituzione) o, ancora, nel corso di quello di ottemperanza, il giudice amministrativo nominerà un commissario ad acta che si sostituirà nell'esercizio di scelta.

## Proposta di soluzione

Orbene, Tizio ha rappresentato di voler ottenere il risarcimento per il danno sofferto a seguito della illegittima apprensione del terreno di sua proprietà, destinato alla coltivazione di alberi da frutta, ma di non esserne più interessato alla restituzione, in ragione della irrimediabile trasformazione subita a seguito della realizzazione di un'area parcheggio da parte della Amministrazione locale.
Infatti, l'eventuale ripristino dello stato dei luoghi non potrebbe mai comprendere anche la reintegrazione di alberi dotati della medesima produttività di quelli andati ormai persi; per conseguenza il bene rimarrebbe privo di utilità.

Tuttavia, il giudice amministrativo, competente per materia a seguito dell'entrata in vigore della legge 205 del 2000, non potrebbe accogliere la domanda nei termini proposti da Tizio, in quanto essa si porrebbe al di fuori dello schema legale tipico di cui al citato art. 42 bis.
Tanto meno, potrebbe essere fatta valere una rinuncia alla proprietà del bene in questione implicita nella domanda risarcitoria, per quanto dianzi esposto.
Infatti, la domanda risarcitoria, contestando la validità della procedura espropriativa, è tesa essenzialmente all'accertamento di tale illegittimità, alla quale conseguiranno esclusivamente gli effetti previsti dalla norma speciale dettata per il caso di espropriazione senza titolo valido.

Pertanto, al fine di veder tutelati i propri diritti ed interessi legittimi, in difetto della iniziativa *ex officio*, Tizio potrà, inizialmente, indirizzare all'Amministrazione competente una istanza/diffida all'esercizio del potere/dovere di porre comunque termine alla situazione di illecito permanente costituita dall'occupazione senza titolo, mediante l'adozione di un provvedimento di acquisizione ex art. 42-bis, comma 4, verso la corresponsione dell'indennizzo parametrato ai criteri stabiliti al comma 1; in alternativa, disponendo la restituzione del bene previa rimessione allo stato pristino (fatto salvo, in entrambe le ipotesi, il diritto al risarcimento dei danni per il periodo dell'occupazione illegittima e degli eventuali danni ulteriori).

Nel caso in cui l'Amministrazione rimanga inerte, Tizio potrà adire il Tribunale Amministrativo competente, affinché, accertata l'illiceità dell'operato della PA, fissi un termine per l'esercizio della facoltà di scelta discrezionale, ovvero nomini un commissario ad acta per la medesima incombenza.

In ogni caso, si ritiene opportuno precisare che le eventuali controversie aventi ad oggetto la determinazione e la corresponsione dell'indennizzo previsto dall'art. 42 bis, comma 1, T.U. espropriazioni, nonché quelle relative al risarcimento del danno di cui al comma 3, sono devolute alla giurisdizione del giudice ordinario, come previsto dall'art. 53, comma 2, del D.P.R. 327 del 2001 ed art. 29 D.LGS. n. 150/2011.
Pertanto, ove Tizio lamenti l'illegittimità della determinazione dell'indennità da parte della P.A. oppure una determinazione non soddisfacente, potrà proporre opposizione innanzi la Corte d'Appello nel cui distretto si trova il bene espropriato, la quale deciderà, in unico grado, con ordinanza ricorribile per cassazione.
Da ultimo, sebbene siano pienamente condivisibili le argomentazioni che hanno condotto l'Adunanza Plenaria del Consiglio di Stato ad escludere l'ammissibilità della rinuncia abdicativa all'interno del procedimento espropriativo ed in particolare nella la disciplina di cui all'art.42-*bis*, qualora l'Amministrazione disponga la restituzione del bene, con ripristino dello stato dei luoghi, si ritiene che Tizio potrà, in ogni caso, in un secondo tempo, procedere con apposito atto, avente forma scritta e da trascriversi nelle modalità di cui si è detto, alla rinuncia abdicativa del terreno di cui è proprietario, dismettendo definitivamente la proprietà di quel bene dal quale non potrà più trarre la medesima utilità.

# QUESITO n. 8

## La forma dell'intesa fiduciaria

di Lorenzo Cordì

*(Cass. civ., Sezioni unite, 6 marzo 2020, n. 6459, Pres. Spirito, Est. Giusti)*

**Mevio, unitamente ai propri fratelli Tizio e Caio, acquista da un terzo un compendio immobiliare con denaro da lui fornito. Il compendio è composto in parte da porzioni separate e, in altra parte, da porzioni comuni. Prima dell'acquisto le parti acquirenti concordano che i beni oggetto della compravendita sarebbero stati trasferiti successivamente al solo Mevio. Tale pattuizione è provata da due scritture private con le quali i fratelli danno atto che il compendio è acquistato con il denaro del solo Mevio e che, già prima dell'acquisto, avevano concordato con questo di provvedere al trasferimento degli immobili a semplice richiesta di Mevio.**

**Dopo qualche tempo, Mevio chiede ai fratelli di trasferire gli immobili di loro proprietà come in precedenza concordato.**
**Tizio e Caio non provvedono al trasferimento evidenziando l'insussistenza di un valido patto di impegno al ritrasferimento della proprietà immobiliare.**
**Tizio e Caio si rinvolgono, quindi, ad un legale per conoscere le possibili azioni che Mevio potrebbe intentare nei loro confronti e per sapere, inoltre, se vi sono argomenti difensivi a sostegno della loro opposizione alle richieste del fratello.**

## LETTURA DELLA TRACCIA ED INDIVIDUAZIONE DEI FATTI RILEVANTI.

La questione in esame ha ad oggetto un tema oggetto del recente intervento delle Sezioni Unite della Corte di Cassazione che, all'esito di un'attenta disamina, giungono ad affermare **non necessaria la forma scritta per il patto fiduciario con oggetto immobiliare**.
Secondo le Sezioni Unite si tratta di un patto meramente interno tra fiduciante e fiduciario e che dà luogo ad un assetto di interessi che si esplica esclusivamente sul piano obbligatorio. Esclusa, quindi, la predicabilità di un'efficacia traslativa del patto le Sezioni unite ritengono insussistente l'obbligo di rispettare la forma scritta *ad substantiam*.
Individuata sin da ora la "soluzione" del caso occorre, tuttavia, strutturare il percorso logico- argomentativo che è l'aspetto fondamentale di ogni elaborato o riflessione su una determinata questione giuridica.

La soluzione del caso è, infatti, molto spesso agevole in quanto racchiusa nei codici annotati o, comunque, oggetto – come nel caso – di un noto intervento delle Sezioni Unite.
Meno facile ma, al contrario, ben più complessa è l'impostazione del percorso nonché la capacità di fornire un ragionamento rigoroso arricchito, inoltre, da possibili annotazioni critiche che consentano di dimostrare non solo le conoscenze del candidato ma anche la padronanza degli istituti e la capacità di sottoporre ad attenta analisi le elaborazioni giurisprudenziali.

Nel caso di specie, inoltre, la traccia impone di assumere le difese della parte che, secondo la sentenza delle Sezioni unite risulterebbe soccombente. Si pone, quindi, al candidato una particolare attitudine critica dovendo provare a "smontare" il costrutto della Corte di Cassazione.

I ***problemi giuridici*** posti dalla traccia sono i seguenti: (i) la morfologia del negozio fiduciario; (ii) la forma del patto fiduciario con oggetto immobiliare; (iii) la natura giuridica dell'impegno del fiduciario al ritrasferimento della proprietà al fiduciante.

La traccia contiene alcuni ***elementi di fatto*** che non possono essere trascurati.

Mevio acquista unitamente ai suoi fratelli un compendio. Le somme necessarie per il pagamento del prezzo le fornisce il solo Mevio. Elemento che, tuttavia, non compare nel contratto di trasferimento della proprietà tra gli acquirenti ed il venditore. Al contratto si lega, tuttavia, un patto tra i soggetti acquirenti: questi riconoscono che il vero dominus dell'intero affare è Mevio; del resto, il compendio è acquistato con le somme di Mevio e non vi è traccia di liberalità. Il patto prevede, infatti, il ritrasferimento degli immobili a semplice richiesta di Mevio riconosciuto, come detto, vero *dominus* dell'affare. Si tratta, però, di un patto orale. Di scritto vi sono solo delle dichiarazioni in cui si attesta la sussistenza di un impegno al ritrasferimento.

Lo ***scopo*** della questione è chiaramente esplicitato dalla traccia: illustrare tutti i profili rilevanti per la ***tutela*** di Tizio e Caio. Ciò che si richiede al candidato è di esaminare le questioni di diritto e di valorizzare gli elementi del fatto per indicare in conclusione le tutele a disposizione dei due fratelli

## INDIVIDUAZIONE DEGLI ISTITUTI GIURIDICI E DEI PRINCIPI GIURISPRUDENZIALI RILEVANTI.

Il caso in esame ha ad oggetto il tema del negozio fiduciario e della forma del relativo patto nei contratti ad oggetto immobiliare.

Prima di trattare la tematica specifica occorre, tuttavia, operare una ricostruzione della complessa figura del negozio fiduciario e, in particolare, delle elaborazioni emerse tanto in dottrina quanto in giurisprudenza su un'operazione negoziale a cui spesso si ricorre nella prassi. Necessario prestare, quindi, attenzione anche agli aspetti praticioperatici della figura di cui risentono anche le elaborazioni dogmatiche nel tentativo di coniugare le esigenze del sistema con quelle del mercato.

## PERCORSO LOGICO ARGOMENTATIVO.

Seguendo l'ordine appena tracciato occorre, preliminarmente esaminare la figura del negozio fiduciario.

### LA MORFOLOGIA DEL NEGOZIO FIDUCIARIO

Si tratta di un fenomeno che, secondo un'impostazione recente, avrebbe radici assai risalenti nel tempo come testimoniano le numerose trattazioni dottrinali attente a delineare le origini storiche della figura. In particolare, il fenomeno potrebbe ricondursi tanto al diritto romano quanto al diritto germanico.

Secondo la tesi in esame, il diritto romano conoscerebbe la "*fiducia*" e, cioè, il trasferimento di un diritto (effettuato per affidare o per consentire all'acquirente la gestione del bene), accompagnato dalla clausola per cui l'acquirente (fiduciario), esaurito lo scopo dell'affidamento, avrebbe trasferito all'alienante il diritto. Tale facoltà può attribuirsi per varie ragioni: in particolare, si ritiene sussistente una prima categoria – denominata fiducia *cum amico* – nella quale la creazione della titolarità è funzionale alla realizzazione di una detenzione e gestione del bene nell'interesse del fiduciante ed in vista di un successivo ulteriore trasferimento della titolarità, allo stesso fiduciante o a un terzo; nella fiducia *cum creditore*, invece, il contratto fiduciario intercorre tra debitore e creditore: l'interesse del fiduciante è trasferire la proprietà di un suo bene al fiduciario, suo creditore, a garanzia del diritto di credito, con l'impegno del fiduciario a ritrasferire il bene al fiduciante, se questi adempie regolarmente al proprio debito. Nel nostro ordinamento, questa seconda tipologia - la fiducia *cum creditore* - esige una attenta valutazione nel caso concreto, onde

accertare che non integri un contratto in frode alla legge e precisamente in violazione del divieto di patto commissorio (art. 2744 c.c.).
Diversa sarebbe la c.d. fiducia germanistica in cui il fiduciante garantisce le proprie ragioni in modo più automatico, sottoponendo il diritto del fiduciario ad una condizione risolutiva, che maturerà in caso d'infedeltà al patto.

Secondo una diversa opinione (sostenuta, in particolare, nell'ambito di riflessioni più risalenti nel tempo), l'invenzione del nome negozio fiduciario si dovrebbe al giurista tedesco Regelsberger, mentre la determinazione della categoria sarebbe opera dell'elaborazione pandettistica. È nell'ambito della pandettistica che emerge, infatti, uno dei tratti per lungo tempo considerato caratterizzante il negozio fiduciario. Si allude alla circostanza secondo la quale tale negozio risulterebbe dalla combinazione di un contratto di trasferimento della proprietà di un bene (dal fiduciante al fiduciario) con un negozio obbligatorio (denominato *pactum fiduciae*, con il quale il fiduciario assume l'obbligo di destinare il bene trasferitogli secondo le indicazioni del fiduciante.

Inoltre, l'investitura del fiduciario nella titolarità del diritto può realizzarsi secondo distinti moduli procedimentali: le parti possono dare origine alla situazione di titolarità fiduciaria sia attraverso un atto di alienazione dal fiduciante al fiduciario, sia mediante un acquisto compiuto dal fiduciario in nome proprio da un terzo con denaro fornito dal fiduciante. In secondo luogo, va considerato che l'effetto traslativo non è essenziale per la configurabilità di un accordo fiduciario. Accanto alla fiducia dinamica, caratterizzata dall'effetto traslativo strumentale, un modo di costituzione della titolarità fiduciaria è rappresentato dalla c.d. fiducia statica, che si ha quando manca del tutto un atto di trasferimento, perché il soggetto è già investito ad altro titolo di un determinato diritto, e il relativo titolare, che sino a un dato momento esercitava il diritto nel proprio esclusivo interesse, si impegna a esercitare le proprie prerogative nell'interesse altrui, in conformità a quanto previsto dal *pactum fiduciae*.

Un tema sul quale si incentra a lunga il dibattito dottrinale e giurisprudenziale riguarda la causa del negozio fiduciario e la conseguente classificazione dell'operazione.

## LA CAUSA NEL NEGOZIO FIDUCIARIO.

Secondo alcune pronunce il negozio fiduciario costituirebbe una tipologia del negozio indiretto. Le parti perseguirebbero risultati differenti da quelli tipicamente propri del negozio impiegato, e corrispondenti a quelli di un negozio diverso. La realizzazione dell'effetto giuridico avverrebbe non via diretta ma indiretta essendo differente lo scopo pratico. L'intestazione fiduciaria di un bene comporta, quindi, un vero e proprio trasferimento in favore del fiduciario, limitato, però, dagli obblighi stabiliti *inter partes*, compreso quello del trasferimento al fiduciante, in cui si ravvisa il contenuto del *pactum fiduciae*.

Di diverso avviso altra parte della dottrina e della giurisprudenza secondo le quali l'operazione andrebbe scomposta in una pluralità di negozi pur collegati dalla finalità economica perseguita. In particolare, si assisterebbe al concorso di due negozi: l'uno di disposizione e l'altro (che è anche causa del primo) di obbligazione. Il negozio fiduciario si realizzerebbe, quindi, mediante il collegamento di due negozi, parimenti voluti, l'uno di carattere esterno, efficace verso i terzi, e l'altro, *inter partes* ed obbligatorio, diretto a modificare il risultato finale del primo, per cui il fiduciario è tenuto a ritrasferire il bene al fiduciante o al terzo.

Secondo una diversa tesi non sarebbe predicabile una pluralità di negozi ma si tratterebbe di una figura necessariamente unitaria. Pertanto, "*qualora tra due parti intercorra un accordo fiduciario, esso comprende l'intera operazione e la connota di una causa unitaria, quella di realizzare il programma fiduciario, mentre per la sua realizzazione possono essere posti in essere diversi negozi giuridici, che a seconda dei casi e degli obiettivi che con l'accordo fiduciario ci si propone di realizzare possono essere diversi sia nel numero che nella tipologia*".

Come in precedenza segnalato il negozio fiduciario non pone esclusivamente problemi di natura teorico-dogmatico ma, stante le notevoli implicazioni, la figura involge una serie di problematiche di carattere anche pratico-operativo. È il caso del tema relativo alla forma dell'intesa fiduciaria nel caso di contratto con oggetto immobiliare e, in particolare, alla promessa di trasferimento dell'immobile sul quale si registrano opinioni variegate. Un contrasto che riguarda tale specifica componente dell'operazione e non gli altri impegni fiduciari (per es.: amministrazione, gestione, segretezza, ecc.), per i quali nessuno richiede lo scritto o gli atti traslativi strumentali e attuativi (l'attribuzione al fiduciario della titolarità dell'immobile, il ritrasferimento al fiduciante o al terzo), per i quali la forma scritta è, invece, assolutamente necessaria.
Sul punto può osservarsi quanto segue.

## LA FORMA DELL'INTESA NEGLI ORIENTAMENTI DI GIURISPRUDENZA E DOTTRINA.

Secondo l'orientamento a lungo tempo dominante, nel caso in cui l'impegno all'ulteriore trasferimento ad opera del fiduciario riguardi un bene immobile è necessario che il patto assuma forma scritta al pari di quanto avviene per il contratto preliminare (art. 1351 c.c.). In questa prospettiva, la valida fonte dell'obbligazione di ritrasferire del fiduciario può essere solo un atto negoziale avente struttura bilaterale e dispositiva. Onere del fiduciante è quello di dimostrare l'esistenza dell'accordo scritto fiduciario, che (ha) preceduto o accompagnato la stipula del contratto di acquisto, con l'assunzione, da parte del fiduciario, dell'obbligo di retrocessione del bene immobile.

Non è, quindi, sufficiente la sola dichiarazione unilaterale del fiduciario: la ricognizione ex post di un atto solenne ab origine perfezionato informalmente non vale a supplire al difetto della forma richiesta dalla legge ai fini della validità dell'atto. Il requisito di forma può, quindi, ritenersi soddisfatto solo se il documento costituisca l'estrinsecazione formale diretta della volontà negoziale delle parti e non anche quando esso si limiti a richiamare un accordo altrimenti concluso, essendo in tal caso necessario che anche tale accordo rivesta la forma scritta e contenga tutti gli elementi essenziali del contratto non risultanti dall'altro documento, senza alcuna possibilità di integrazione attraverso il ricorso a prove storiche, non consentite dall'art. 2725 c.c.

Secondo un diverso e più recente orientamento l'accordo fiduciario non necessita indefettibilmente della forma scritta a fini di validità, ben potendo la prescrizione di forma venire soddisfatta dalla dichiarazione unilaterale con cui il fiduciario si impegni a trasferire determinati beni al fiduciante, in attuazione esplicita (ossia con *expressio causae*) del medesimo *pactum fiduciae*. Secondo questo orientamento, a monte della dichiarazione unilaterale con cui il soggetto, riconoscendo il carattere fiduciario dell'intestazione, promette il trasferimento del bene al fiduciante, può stare anche un impegno orale delle parti, e la dichiarazione unilaterale, in quanto volta ad attuare il *pactum* preesistente, ha una propria "*dignità*", che la rende idonea a costituire autonoma fonte dell'obbligazione del promittente, purché contenga la chiara enunciazione dell'impegno e del contenuto della prestazione.
Tale orientamento muove proprio dalla disamina della prassi ove non è infrequente che l'accordo fiduciario non sia scritto, ma che il soggetto in quel momento beneficiario della intestazione si impegni unilateralmente a modificare in un futuro la situazione secondo gli accordi presi con l'altro soggetto. In secondo luogo, secondo l'orientamento in esame, una dichiarazione unilaterale non costituisce necessariamente ed esclusivamente una semplice promessa di pagamento, di valore meramente ricognitivo rispetto ad un impegno ad essa esterno; l'impegno risulterebbe idoneo a costituire fonte di obbligazioni in quanto è volto ad attuare l'accordo fiduciario preesistente: "*la fiducia è la causa dell'intera operazione economica posta in essere, che si articola in diversi negozi giuridici e che colora di liceità e di meritevolezza l'impegno di ritrasferimento assunto (dal fiduciario) con la sottoscrizione del suo impegno unilaterale*". E tale

impegno sarebbe suscettibile di esecuzione in forma specifica con ricorso al rimedio ex art. 2932 c.c.

La tesi da ultimo esposta si fonda anche sulla ritenuta analogia morfologica tra il patto fiduciario e il mandato senza rappresentanza all'acquisto di beni immobili, per il quale la Corte di Cassazione esclude nel 2013 la necessità di concludere il negozio in forma scritta. Il mandato conterrebbe tutti gli elementi della classica operazione fiduciaria, e cioè l'acquisto del bene dal mandante-fiduciante o dal terzo, l'incarico gestorio, la promessa di ritrasferimento, traducendoli rispettivamente nella somministrazione dei mezzi necessari per l'esecuzione (art. 1719 c.c.), nel compimento degli atti giuridici delegati (art. 1703 c.c.), nell'obbligo coercibile di ritrasferimento (art. 1706, comma 2, c.c.).
Attenta alla morfologia dell'operazione seppur sotto altro profilo è un'altra teorica che nota come debba rivestire *ad substantiam* forma scritta il negozio traslativo di beni immobili dal fiduciario al fiduciante in esecuzione del *pactum fiduciae*, ma non anche quest'ultimo che non realizza alcun effetto traslativo.
Del resto, altra parte della dottrina e della giurisprudenza evocano il principio di libertà delle forme che precluderebbe l'operatività delle regole in tema di forma *ad validitatem* laddove non espressamente previsto dal legislatore.

La ricostruzione sin qui compiuta svela come le soluzioni risentano della configurazione tanto strutturale quanto funzionale del negozio. La tesi che richiede la forma scritta *ad validitatem* muove dall'accostamento del patto al contratto preliminare, motivato sia dalla comune obbligatorietà del futuro *contrahere* sia dalla similitudine effettuale operando per entrambi la previsione di cui all'art. 2392 c.c. Ma è proprio questa analogia strutturale e funzionale ad essere contestata dal recente intervento delle Sezioni Unite della Corte di Cassazione che ritengono il rapporto assimilabile piuttosto al mandato senza rappresentanza stante l'interposizione reale di persona che caratterizza le due figure.

Secondo le Sezioni unite patto fiduciario e contratto preliminare avrebbero, certamente, l'affinità costituita dal legame tra una situazione iniziale con funzione strumentale ad un momento finale ma risulterebbero altrettanto rilevanti momenti di differenziazione. In particolare, nel preliminare l'effetto obbligatorio è strumentale all'effetto reale, e lo precede; nel contratto fiduciario l'effetto reale viene prima, e su di esso s'innesta l'effetto obbligatorio, la cui funzione non è propiziare un effetto reale già prodotto, ma conformarlo in coerenza con l'interesse delle parti. Pertanto, mentre l'obbligo di trasferire inerente al preliminare di vendita immobiliare è destinato a realizzare la consueta funzione commutativa, la prestazione traslativa stabilita nell'accordo fiduciario serve, invece, essenzialmente per neutralizzare il consolidamento abusivo di una situazione patrimoniale vantaggiosa per il fiduciario a danno del fiduciante. Inoltre, l'obbligo nascente dal contratto preliminare si riferisce alla prestazione del consenso relativo alla conclusione di un contratto causale tipico (quale la vendita), con la conseguenza che il successivo atto traslativo è qualificato da una causa propria ed è perciò improntato ad una funzione negoziale tipica; diversamente, nell'atto di trasferimento del fiduciario - analogamente a quanto avviene nel mandato senza rappresentanza (art. 1706, co. 2, c.c.) - si avrebbe un'ipotesi di pagamento traslativo. Il trasferimento costituirebbe negozio di esecuzione dell'accordo e troverebbe il proprio fondamento causale nell'accordo causale e nell'obbligazione di dare che da esso origina.

In ragione di tali considerazioni non si ritiene di poter equiparare negozio fiduciario e contratto preliminare consegnando le figure al medesimo regime formale. Né l'equiparazione potrebbe sorreggersi sulla sola comune operatività della previsione di cui all'art. 2932 c.c. che trova applicazione a prescindere dalla forma del negozio.

Inoltre, le Sezioni unite sottolineano la natura di contratto a struttura debole del mandato senza rappresentanza. Non occorre, secondo la giurisprudenza, procedere alla necessaria redazione del contratto in forma scritta; regola valevole per il solo negozio con effetto traslativo ma non anche per il negozio che regola il rapporto interno tra mandante

e mandatario stante anche l'eccezionalità della previsione ex art. 1351 c.c.
Soluzione che, secondo le Sezioni unite, si salda anche con la teoria generale del negozio che avrebbe "*consegnato alla comunità degli interpreti l'affermazione che non è necessario che l'intesa fiduciaria, rivolta a limitare i poteri del fiduciario, risulti dal tenore documentale del negozio*". Insegnamento che risale all'idea risalente secondo cui il patto fiduciario è soggetto ad una intesa segreta affidata alla fiducia tra le parti. Del resto, la prassi rileva come simili intese intercorrano tra parti che, "*per motivi di opportunità, di lealtà e di fiducia reciproca, sono restie a consegnare in un atto scritto il pactum tra di esse intervenuto*".

Chiarita la non necessità di forma scritta del patto tra fiduciante e fiduciario, le Sezioni unite si interrogano su natura e portata dell'obbligo assunto da quest'ultimo affermando che tale dichiarazione non rappresenterebbe "*il vestimentum per mezzo del quale dare vigore giuridico, con la forma richiesta dalla natura del bene, a quello che, altrimenti, sarebbe un nudo patto*".

## NATURA GIURIDICA DELL'OBBLIGO DI RITRASFERIMENTO.

L'obbligo di ritrasferimento sussiste già prima dell'eventuale dichiarazione da parte del fiduciario che, quindi, non costituisce la fonte o il titolo dell'obbligo. La preesistenza di tale obbligo giustifica, infatti, il ricorso al rimedio di cui all'art. 2932 c.c. atteso che l'esecuzione specifica dell'obbligo di concludere un contratto è applicabile non solo nelle ipotesi di contratto preliminare non seguito da quello definitivo, ma anche in qualsiasi altra fattispecie dalla quale sorga l'obbligazione di prestare il consenso per il trasferimento o la costituzione di un diritto, sia in relazione ad altro negozio, sia in relazione ad un atto o fatto dai quali detto obbligo possa discendere *ex lege*.
Il problema – anch'esso eminentemente pratico – riguarda, tuttavia, la prova da parte del fiduciante della sussistenza di un tale obbligo rimasto inadempiuto. Ed è in tale contesto, prettamente probatorio, che si

inserisce la dichiarazione del fiduciario e se ne coglie la portata quale promessa di pagamento che dispensa dall'onere di provare il rapporto fondamentale. Se, quindi, la dichiarazione non determina ex se l'insorgenza dell'obbligo, la stessa è, comunque, produttiva dell'effetto di determinare la *relevatio ab onere* probandi e di rafforzare così la posizione del fiduciante destinatario della dichiarazione stessa, il quale, in virtù di questa, è esonerato dall'onere di dimostrare il rapporto fondamentale.
Si è, quindi, dinanzi al fenomeno noto come astrazione processuale della causa: il rapporto fondamentale deve, comunque, esistere ma la dichiarazione ricognitiva o promissiva del fiduciario ne fa presumere l'esistere agevolando, quindi, l'assolvimento dell'onere probatorio da parte del fiduciante. In ultimo, dalla previsione di cui all'art. 1988 c.c. non è richiesto che promessa di pagamento e ricognizione di debito contengano un riferimento al titolo dell'obbligazione. Si afferma, infatti, in giurisprudenza che la ricognizione di debito titolata, che comporta la presunzione fino a prova contraria del rapporto fondamentale, si differenzia dalla confessione, che ha per oggetto l'ammissione di fatti sfavorevoli al dichiarante e favorevoli all'altra parte: ne consegue che la promessa di pagamento, ancorché titolata, non ha natura confessoria, sicché il promittente può dimostrare l'inesistenza della causa e la nullità della promessa.

## PROPOSTA DI SOLUZIONE

In definitiva, tenendo conto della sentenza delle sezioni unite Mevio potrebbe fondatamente agire al fine di ottenere la condanna dei fratelli e delle loro mogli al trasferimento della proprietà degli immobili in adempimento del patto fiduciario tra le stesse parte.

Dinanzi al rischio di soccombenza della parte possono, tuttavia, introdursi notazioni critiche al ragionamento delle Sezioni unite che potrebbero condurre ad affrontare il giudizio anche nell'ottica di un possibile ripensamento della giurisprudenza.
Sul punto si osserva quanto segue.

Nella soluzione delle Sezioni unite l'atto ha natura solutoria costituendo l'adempimento al patto che le Sezioni unite accostano al mandato. Un accostamento che, invero, costituisce una chiara revisione delle costruzioni pluralistiche del negozio fiduciario secondo cui la figura consiste di effetti reali corretti da effetti obbligatori. E, infatti, da tali correlazioni che germina l'idea dell'eccedenza del mezzo sullo scopo, la teorica della proprietà piena ma vincolata, la possibilità di abuso. Aspetti che per operare necessitano del collante della fiducia. Un collante che, invero, sembra scolorire dall'accostamento con il mandato che porta a riconsiderare i tre problemi centrali della fiducia:

*a*) il trasferimento astratto al fiduciario;
*b*) la proprietà fiduciaria;
*c*) il ritrasferimento.

Nella teorica tradizionale l'attribuzione al fiduciario termina per configurarsi, infatti, come (inammissibile) negozio astratto non potendosi ritenere il conferimento assimilabile alla vendita o alla donazione. La proprietà fiduciaria e, quindi, piena ma strumentale sembra trovare ostacoli nel principio del *numerus clausus* dei diritti reali. Non meno problematico il tema relativo all'atto di trasferimento che "*sconta*" il carattere fiduciario che ammanta l'operazione. Sul punto la sentenza rammenta la necessità della forma scritta *ex* art. 1350 c.c. differenziando simile negozio dal patto fiduciario vero e proprio. Ma si tratta di due negozi chiaramente collegati ed è su tale collegamento che occorre incentrare l'attenzione.

Le Sezioni Unite giungono, infatti, ad accostare, come detto, il patto fiduciario al mandato senza rappresentanza evocando la figura del pagamento traslativo. In tal modo, però, il negozio (ad effetto reali) di trasferimento diviene atto esecutivo e, soprattutto, atto non contrattuale ma unilaterale solutorio. Ed è proprio tale natura a far sorgere problemi di opponibilità del negozio. Inteso come atto unilaterale e solutorio il negozio di ritrasferimento diviene un atto a causa esterna (da ricercarsi nelle ulteriori componenti dell'operazione). L'atto traslativo diviene, quindi, il *modus adquirendi* mentre il *titulus* continua a risiedere nel patto fiduciario che, però, non necessita di forma scritta. Il che pone il problema della trascrizione dell'atto di ritrasferimento che necessiterebbe anche del negozio contenente il *titulus* e cioè proprio quel patto fiduciario che potrebbe, tuttavia, essere orale (secondo le Sezioni unite). Si profila, quindi, una possibile *empasse* pratica la cui soluzione potrebbe forse risiedere nella menzione nell'atto solutorio del negozio che giustifica il ritrasferimento. Diversamente la forma scritta del patto, esclusa dalle Sezioni unite sul piano dogmatico e sistematico, tornerebbe con prepotenza ad imporsi per le esigenze della prassi.

Inoltre, non può omettersi di considerare come l'attribuzione della proprietà al fiduciante richieda, comunque, un atto da cui emerga la volontà di riappropriazione. Se la logica è quella dell'atto unilaterale non può certo rinvenirsi in tale atto la volontà. Occorre muovere un passo indietro e "*tornare*" al patto fiduciario: ma, in tal modo, si torna anche allo schema del binomio contratto obbligatorio-contratto traslativo che è la sequenza tipica del rapporto preliminare-definitivo, esclusa dalle Sezioni Unite che ritengono la figura del patto fiduciario assimilabile piuttosto ad un mandato.

È tale accostamento, come già spiegato, la matrice da cui deriva l'esclusione della forma scritta. La Cassazione la giustifica osservando come le esigenze di responsabilizzazione del consenso e di certezza dell'atto, sottese all'imposizione della forma scritta quale requisito di validità del contratto traslativo del diritto reale sul bene immobile, non si pongono in realtà con riferimento al mandato ad acquistare senza rappresentanza, che non costituisce fonte di alcun atto di dismissione del diritto di proprietà o altro diritto reale su bene immobile in capo al mandante ma determina l'insorgenza di un mero diritto del medesimo al compimento dell'attività gestoria da parte del mandatario.

Invero, va considerato che se oggetto del mandato è l'acquisto di un bene immobile per procedere successivamente al ritrasferimento, allora la responsabilità riguarda anche (se non principalmente) la realizzazione dell'effetto reale. Le esigenze di responsabilizzazione non possono che porsi anche con riferimento a quella che è la componente principale dell'intera operazione. E', forse, per tale ragione che, a corredo del primo segmento motivazione, la Cassazione ne aggiunge un ulteriore, fondato sull'eccezionalità della previsione di cui all'art. 1351 c.c. e sulla non estensione al patto fiduciario. Tesi che poggia su tre notazioni:

i) "*nel preliminare l'effetto obbligatorio è strumentale all'effetto reale, e lo precede; nel contratto fiduciario l'effetto reale viene prima, e su di esso s'innesta l'effetto obbligatorio*;
ii) "*la funzione dell'effetto obbligatorio del patto fiduciario non è propiziare un effetto reale già prodotto, ma conformarlo in coerenza con l'interesse delle parti*";
*iii)* "*mentre l'obbligo di trasferire inerente al preliminare di vendita immobiliare è destinato a realizzare la consueta funzione commutativa, la prestazione traslativa stabilita nell'accordo fiduciario serve, invece, essenzialmente per neutralizzare il consolidamento abusivo di una situazione patrimoniale vantaggiosa per il fiduciario a danno del fiduciante*".

In relazione a tali argomenti deve osservarsi, tuttavia, che:

a) l'effetto reale del patto fiduciario non viene solo prima ma rileva nella decisiva fase del ritrasferimento;
b) la funzione dell'effetto obbligatorio non è solo quella di conformare un effetto reale già prodotto ma di ottenerne uno ulteriore (il ritrasferimento);
c) il consolidamento di una situazione è annoverabile anche tra gli effetti del preliminare la cui *ratio* è proprio quella di rendere obbligatorio la manifestazione del consenso preordinato all'effetto reale.

Non sembra, quindi, che l'eterogeneità morfologica tra preliminare e mandato fiduciario sia davvero predicabile. La distinzione tra le figure termine per risiede piuttosto nei motivi che sorreggono i patti o nel contesto in cui simile patti sono stipulati ma, in sé, la struttura dell'operazione negoziale non sembra segnata dalle differenze indicate dalle Sezioni unite.

Esclusa la divergenza strutturale tra contratto preliminare e mandato fiduciario, la questione della forma esige, quindi, un ulteriore sostegno argomentativo. Non è un caso che le Sezioni unite lo indichino nell'eccezionalità della previsione di cui all'art. 1351 c.c. Argomento che, invero sembra proprio volto a sorreggere la soluzione finale in considerazione dell'impossibilità di non ravvisare quell'*eadem ratio* (tra contratto preliminare e mandato fiduciario) alla base dell'estensione analogica. Lo sbarramento a simile estensione è rinvenuto proprio nell'eccezionalità della regola. Un tema sul quale occorre effettuare due riflessioni. La prima risiede nella conformità costituzionale di un'interpretazione del disposto legale che ne postuli l'eccezionalità. In presenza di situazioni omologhe il trattamento differenziato imposto dall'asserita eccezionalità dalla regola rischia di contrastare con l'art. 3 Cost. Necessario, allora, verificare se sussistano elementi che consentano di ritenere le situazioni differenti e, come tali, non meritevoli di trattamento unitario.

La Corte di Cassazione ne individua uno consistente nel non porsi il mandato fiduciario come fonte di un atto di dismissione del diritto che è, invece, individuata direttamente nella legge. Ma è un punto rispetto al quale già in precedenza si osserva come non possa davvero ipotizzarsi un mandato fiduciario ad acquistare un bene immobile senza ascrivere al medesimo negozio ma imputando alla legge l'effetto del ritrasferimento. Si tratta, infatti, di una componente caratterizzante il negozio che non pare, quindi, corretto slegare dallo stesso. Inoltre, non può omettersi di considerare come, anche a voler ritenere l'art. 1351 c.c. regola eccezionale, non per questo il mandato immobiliare dovrebbe non ricondursi dell'alveo della previsione. Infatti, anche in tal caso di tratta di un patto *de contrahendo*: un patto

che vincola alla conclusione di un ulteriore accordo e che, come tale, rientra all'interno dell'art. 1351 c.c. non già per estensione analogica ma per applicazione diretta.
Le argomentazioni a sostegno della soluzione non sono, quindi, pienamente condivisibili e, su tali ragioni, potrà fondarsi la difesa delle parti rappresentate.

# QUESITO n. 9

## La divisione di immobili abusivi.

di Domenico Giurato

*(Cass. Civ., Sez. Un., 22 settembre 2020, dep. 7 ottobre 2019, n. 25021, Pres. Mammone, Est. Lombardo)*

**Tizio, Caio e Sempronio sono tre fratelli germani, i quali hanno ereditato dal padre, nelle quote di un terzo ciascuno, un fabbricato, attualmente composto da tre unità immobiliari, tutte di uguale valore. Tizio e Caio sono favorevoli alla divisione del fabbricato, che peraltro è l'unico bene ereditario, assegnando a ciascuno di essi una delle tre unità immobiliari, mentre Sempronio non è d'accordo, perché vuole che la proprietà resti indivisa e così a disposizione di tutta la famiglia, come accadeva quando era in vita il compianto genitore.**

**Tizio e Caio citano allora in giudizio Sempronio per ottenere la divisione giudiziale del fabbricato nei termini sopra indicati. Sempronio, prima di decidere sul da farsi, si reca dal proprio legale di fiducia per chiedere un parere in merito alla vicenda, essendo sua ferma intenzione quella di opporsi con ogni mezzo consentito dalla legge alla divisione del palazzetto di famiglia. In quella sede, peraltro, Sempronio confida al proprio legale che il fabbricato era stato costruito, intorno alla metà degli anni '70 del secolo scorso, proprio dal suo amato padre, il quale, tuttavia, aveva realizzato la costruzione in assenza di alcun titolo abilitativo edilizio.**
**Il candidato, assunte le vesti del legale adito, rediga motivato**

**parere, illustrando gli istituti e le questioni sottese al caso in esame ed indicando la linea difensiva più utile a tutelare la posizione del proprio assistito.**

## LETTURA DELLA TRACCIA ED INDIVIDUAZIONE DEI FATTI GIURIDICI RILEVANTI

Il caso in esame si lascia scomporre nei seguenti fatti giuridici rilevanti:

- si apre la successione di un soggetto, che lascia a succedergli per legge unicamente i tre figli, ovviamente in pari quota;
- il patrimonio del *de cuius* è costituito unicamente da un fabbricato, agevolmente divisibile in natura in quanto già composto da tre autonome unità immobiliari, peraltro tutte di eguale valore;
- Tizio e Caio, vale a dire due dei tre eredi, sono d'accordo a procedere alla divisione e pertanto citano in giudizio l'altro erede Sempronio, che invece non solo non vuole addivenire allo scioglimento della comunione ereditaria instauratasi con i fratelli a seguito della morte del padre, ma vuole opporsi ad essa con ogni mezzo;
- il fabbricato, risalente alla metà degli anni '70, è completamente abusivo, in quanto realizzato in totale assenza di titolo abilitativo edilizio.

Ci si chiede dunque se e come possa Sempronio opporsi validamente alla divisione giudiziale, impedendo che essa avvenga: questo è l'oggetto del parere richiesto.

## INDIVIDUAZIONE DEGLI ISTITUTI GIURIDICI RILEVANTI

Al fine della risoluzione del caso in esame e così della redazione del presente parere, gli istituti giuridici rilevanti sono certamente quelli della **comunione**, in particolare di quella **ereditaria**, della **divisione** e

della così detta **"nullità urbanistica"** (cioè quella che colpisce gli atti aventi ad oggetto immobili totalmente abusivi).
È opportuno illustrare i fondamenti di ciascuno degli istituti coinvolti nel caso in esame.

## La comunione: natura giuridica e disciplina.

Il codice civile non offre una esplicita definizione di **comunione**, sebbene questa possa desumersi dall'art. 1100 c.c. che, delimitando il campo di applicazione del Titolo VII del Libro III, intitolato appunto "Della comunione", stabilisce che le disposizioni ad essa relative trovano applicazione "quando la proprietà o altro diritto reale spetta in comune e a più persone".

La teoria generale del diritto definisce la comunione come un'ipotesi di c.d. **contitolarità soggettiva**, vale a dire una titolarità in capo a più soggetti di una determinata situazione giuridica soggettiva (normalmente, della proprietà di un bene). Lo scioglimento della comunione consiste nel venir meno di questa contitolarità e così nel concentrarsi della situazione giuridica *de qua* in capo ad un solo soggetto. L'ordinamento manifesta un certo *favor* nei confronti dello scioglimento della comunione (c.d. ***favor divisionis***). La ragione riposa sull'idea, assai diffusa tra i compilatori del Codice del 1942 e tuttora dominante, che la contitolarità soggettiva di beni e diritti rappresenti un *handicap* nel raggiungimento del massimo sfruttamento economico degli stessi. Ragion per cui, nel nostro diritto positivo, lo scioglimento rappresenta l'esito naturale di ogni comunione, in applicazione del noto brocardo secondo cui *in communione nemo compellitur invitus detineri*. Coerentemente, ogni partecipante, in virtù di un vero e proprio diritto potestativo, "può sempre domandare lo scioglimento della comunione" (art. 1111, comma 1, c.c.), mentre il patto di rimanere in comunione (che vincola anche gli aventi causa) può avere una durata massima di dieci anni (comma 2) e la dilazione che può imporre l'autorità giudiziaria adita, se lo scioglimento immediato risulti pregiudizievole ai comunisti, può estendersi solo fino a cinque anni.

## LO SCIOGLIMENTO DELLA COMUNIONE.

L'espressione *scioglimento della comunione* evoca immediatamente la *divisione*. A rigore, tuttavia, sarebbe impreciso risolvere l'un fenomeno nell'altro. Se è vero, infatti, che ogni divisione ha come effetto tipico quello di sciogliere una comunione, è del pari vero che non ogni scioglimento di una comunione rappresenta l'esito di una divisione.

Molteplici sono i fatti e gli atti giuridici che possono far venir meno la contitolarità soggettiva. Ad esempio, lo scioglimento della comunione può avvenire: per fatto naturale (la distruzione della cosa); per usucapione del diritto esclusivo da parte di uno dei comunisti (previa *interversione del possesso*, arg. *ex* art. 1102, c. 2, c.c.) o di un terzo; per rinunzia al diritto da parte degli altri comunisti e conseguente espansione del diritto del comunista rimasto (in applicazione del c.d. *principio di elasticità del dominio*); per acquisto, da parte di uno dei partecipanti alla comunione, delle quote degli altri (acquisto che può avvenire sia per atto tra vivi che *mortis causa*); per alienazione, da parte dei comunisti, ciascuno per i propri diritti e tutti congiuntamente per l'intero, ad un terzo.
Di tutta questa fenomenologia, del resto, è avvertito lo stesso legislatore, che all'art. 764 c.c. non a caso estende la disciplina, tipicamente divisoria, dell'azione di rescissione, anche ai così detti **"atti diversi dalla divisione"** purché abbiano "per effetto di far cessare tra i coeredi la comunione dei beni ereditari".

## LA DIVISIONE.

È chiaro, tuttavia, che l'atto giuridico i cui effetti sono tipicamente rivolti allo scioglimento della comunione è la **divisione**, la cui disciplina è contenuta nelle disposizioni di cui agli artt. 1111 ss. c.c. (relativi allo scioglimento della **comunione ordinaria**), come integrate, stante il rinvio espressamente operato dall'art. 1116 c.c., dalle disposizioni di cui agli artt. 713 ss. c.c. (relativi allo scioglimento della **comunione ereditaria**).

La divisione può essere **negoziale** o **giudiziale**. Nel primo caso, si è in presenza di un vero e proprio **contratto**, i cui effetti sono quelli di risolvere il concorso dei comunisti sui beni comuni assegnando loro, normalmente in proprietà esclusiva, i medesimi beni comuni (o porzioni definite di essi), per un valore proporzionale alle quote di diritto a ciascuno dei condividenti spettanti nella disciolta comunione **(c.d. apporzionamento)**, eventualmente ricorrendo a dei conguagli in denaro laddove tale proporzionalità non sia perfetta (arg. *ex* art. 728 c.c.).

Ove, invece, l'accordo dei partecipanti non possa raggiungersi, ha luogo la vera e propria **divisione giudiziale** (artt. 784-791 c.p.c.), consistente in un articolato procedimento giudiziario sfociante in un **provvedimento del giudice** che, se possibile, divide, in porzioni corrispondenti alle quote, e così assegna, i beni in natura (art. 1114 c.c.), ovvero, qualora ciò non sia possibile o non sia conveniente, li attribuisce solo ad alcuni condividenti, stabilendo un conguaglio in denaro agli altri, ovvero, ancora, ne dispone l'alienazione a terzi con distribuzione del ricavato agli *ex* comunisti in proporzione delle rispettive quote (applicando i criteri sanciti dagli artt. 728 e 729 c.c., stante il rinvio operato dall'art. 1116 c.c.).

## SCIOGLIMENTO DELLA COMUNIONE E BENI IMMOBILI.

Disposizioni particolari sono previste quando lo scioglimento della comunione abbia ad oggetto beni immobili, dato il peso specifico che essi normalmente assumono nell'asse ereditario per via del loro maggior valore economico e data la loro particolare natura, che sovente li rende non agevolmente divisibili se non a costo di una sconveniente perdita di valore. Così, l'art. 718 c.c. sancisce il diritto di ciascun coerede a chiedere la sua parte in natura (sia dei beni mobili che) dei beni immobili dell'eredità; l'art. 719 c.c. stabilisce che debba procedersi alla vendita degli immobili solo "se occorre", cioè solo se non risulti sufficiente la vendita dei beni mobili, e in ogni caso che ad esser venduti siano quegli immobili "la cui alienazione rechi minor pregiudizio agli interessi dei condividenti"; l'art. 720 c.c. prevede una disciplina volta ad evitare il frazionamento degli immobili quando questo possa pregiudicare le ragioni della pubblica economia o dell'igiene; l'art. 721 c.c. dispone che "i patti e le condizioni della vendita degli immobili, qualora non siano concordati dai condividenti, sono stabiliti dall'autorità giudiziaria"; l'art. 1113, c. 2, c.c. stabilisce che nella divisione che ha per oggetto beni immobili l'opposizione dei creditori e degli aventi causa di un comunista deve essere trascritta prima della trascrizione dell'atto di divisione o, se si tratta di divisione giudiziale, prima della trascrizione della relativa domanda; l'art. 1113, c. 3, c.c. prevede che debbano essere chiamati ad intervenire, perché la divisione abbia effetto nei loro confronti, i creditori iscritti e coloro che abbiano acquistato diritti sugli immobili oggetto di divisione in forza di atti trascritti prima della trascrizione dell'atto di divisione o della domanda di divisione giudiziale.

La circostanza poi che oggetto della divisione, o comunque degli altri atti che comportino lo scioglimento della comunione, siano beni immobili, comporta l'applicazione di tutte quelle norme che compongono lo **statuto della circolazione immobiliare**:

- l'art. 1350 c.c. sulla **forma**, che dovrà essere scritta a pena di nullità; l'art. 2646 c.c. sulla **trascrizione**;
- l'art. 30 del d.P.R. n. 380/2001 in materia di lottizzazione abusiva dei terreni (salvo che si tratti di divisioni ereditarie);
- l'art. 40 della l. n. 47/1985 e l'art. 46 del d.P.R. n. 380/2001 sulla c.d. **regolarità urbanistica** dei fabbricati;
- l'art. 29, c. 1-*bis* della l. n. 52/1985 sulla c.d. **regolarità catastale** dei medesimi.

## INDIVIDUAZIONE DELLA DISCIPLINA NORMATIVA APPLICABILE E DEI PRINCIPI GIURISPRUDENZIALI RILEVANTI

Ai fini che interessano il caso in esame, importanza fondamentale rivestono le disposizioni in materia di **regolarità urbanistica dei**

**fabbricati,** le quali sono molteplici e interessano più settori dell'ordinamento. Infatti, la repressione del fenomeno dell'abusivismo edilizio, consistente, in linea generale, nella posizione in essere di interventi edilizi in assenza del necessario titolo abilitativo ovvero in difformità da esso, corre lungo tre direttrici sanzionatorie:

1) **sanzioni penali** (arresto, ammenda);
2) **sanzioni amministrative** (sanzione amministrativa pecuniaria, riduzione in pristino, demolizione, acquisizione al patrimonio del Comune);
3) **sanzioni civili** (nullità degli atti aventi ad oggetto fabbricati o parti di essi, che non rechino, per dichiarazione dell'alienante, gli estremi del titolo abilitativo edilizio).

Ai fini del presente parere interessa **la sanzione civile della nullità**, che molti dubbi ha sollevato in dottrina e in giurisprudenza con riferimento al suo campo di applicazione. Nell'affrontare questo profilo, è opportuno ripercorrere brevemente la storia della legislazione in materia, dato che proprio l'evoluzione storica della disciplina, come si vedrà in seguito, è stato uno degli argomenti impiegati, per sostenere, ovvero per negare, l'applicazione della comminatoria di nullità agli atti di scioglimento di comunioni su beni immobili abusivi. Inoltre, è proprio dall'analisi di questa disciplina che l'interprete deve preliminarmente ricavare **la nozione, chiara in linea generale, ma piuttosto controversa quanto ai risvolti civilistici, di "immobile abusivo"**.

La nullità in esame è stata introdotta nel nostro ordinamento dalla **l. 28 febbraio 1985, n. 47** (denominata **"Norme in materia di controllo dell'attività urbanistico-edilizia, sanzioni, recupero e sanatoria delle opere abusive"**).
Di questa legge, una disposizione, e segnatamente l'art. 17, c. 1, applicabile ai manufatti iniziati dall'entrata in vigore della legge in poi, ed oggi abrogata, così prevedeva: "Gli atti tra vivi, sia in forma pubblica, sia in forma privata, aventi per oggetto trasferimento o costituzione o scioglimento della comunione di diritti reali, relativi ad

edifici, o loro parti, la cui costruzione è iniziata dopo l'entrata in vigore della presente legge, sono nulli e non possono essere stipulati ove da essi non risultino, per dichiarazione dell'alienante, gli estremi della concessione ad edificare o della concessione in sanatoria rilasciata ai sensi dell'articolo 13. Tali disposizioni non si applicano agli atti costitutivi, modificativi o estintivi di diritti reali di garanzia o di servitù".

Un'altra disposizione, vale a dire l'art. 40, c. 2, applicabile invece alle costruzioni abusive realizzate prima dell'entrata in vigore della legge, e tuttora in vigore, stabilisce: "Gli atti tra vivi aventi per oggetto diritti reali, esclusi quelli di costituzione, modificazione ed estinzione di diritti reali di garanzia o di servitù, relativi ad edifici o loro parti, sono nulli e non possono essere rogati se da essi non risultano, per dichiarazione dell'alienante, gli estremi della licenza o della concessione ad edificare o della concessione rilasciata in sanatoria ai sensi dell'art. 31 ovvero se agli stessi non viene allegata la copia per il richiedente della relativa domanda, munita degli estremi dell'avvenuta presentazione, ovvero copia autentica di uno degli esemplari della domanda medesima, munita degli estremi dell'avvenuta presentazione e non siano indicati gli estremi dell'avvenuto versamento delle prime due rate dell'oblazione di cui al sesto comma dell'art. 35. Per le opere iniziate anteriormente al 1° settembre 1967, in luogo degli estremi della licenza edilizia può essere prodotta una dichiarazione sostitutiva di atto notorio, rilasciata dal proprietario o altro avente titolo, ai sensi e per gli effetti dell'art. 4 della legge 4 gennaio 1968, n. 15, attestante che l'opera risulti iniziata in data anteriore al 1° settembre 1967".

Come anticipato, il citato art. 17 è stato abrogato dall'art. 136 del **d.P.R. 6 giugno 2001, n. 380** (denominato **"Testo unico delle disposizioni legislative e regolamentari in materia edilizia"**) ed al suo posto è oggi vigente l'art. 46 del medesimo d.P.R. n. 380/2001, il cui c. 1 così dispone: "Gli atti tra vivi, sia in forma pubblica, sia in forma privata, aventi per oggetto trasferimento o costituzione o scioglimento della comunione di diritti reali, relativi ad edifici, o loro parti, la cui costruzione è iniziata dopo il 17 marzo 1985, sono nulli e non possono essere stipulati ove da essi non risultino, per dichiarazione dell'alienante, gli estremi del permesso di costruire o del permesso in sanatoria. Tali disposizioni non si applicano agli atti costitutivi, modificativi o estintivi di diritti reali di garanzia o di servitù".

Le tre disposizioni hanno posto, in dottrina e in giurisprudenza, due ordini di questioni. La prima è cosa debba intendersi, a fini civilistici, per "immobile abusivo". La seconda è se la sanzione della nullità colpisca anche (ed indistintamente tutti) gli atti di scioglimento delle comunioni.

**La prima questione** è ovviamente precedente dal punto di vista logico. A tal riguardo, può subito osservarsi che la locuzione "immobile abusivo" evoca in linea generale un concetto apparentemente semplice: può definirsi abusivo, infatti, ogni immobile che sia stato costruito, ovvero abbia subito successivi interventi edilizi, in assenza o in difformità, totale o parziale, rispetto ai necessari titoli abilitativi. Tuttavia, questa definizione generale di immobile abusivo è stata di recente ridimensionata da una importante sentenza della Cassazione a Sezioni Unite (Cass., S.U., 22 marzo 2019, n. 8230), la quale, pur riconoscendone la validità ai fini dell'eventuale applicazione delle sanzioni penali e amministrative, ne ha circoscritto invece la portata con riferimento alla sanzione civile della nullità. Ad avviso della Suprema Corte, infatti, la sanzione civile *de qua*, pur trattandosi di un'ipotesi di nullità volta alla repressione di illeciti in materia urbanistico-ambientale, a tutela dell'interesse generale all'ordinato assetto del territorio (cfr. Cass., Sez. 1, 24 giugno 2011, n. 13969), e per questo rilevabile d'ufficio in ogni stato e grado del giudizio (cfr. Cass., S.U. 11 novembre 2009, n. 23825), resterebbe comunque un'ipotesi di **nullità testuale**, da ricondursi nell'alveo dell'art. 1418, c. 3, c.c., trovando dunque applicazione nei soli casi di mancanza della dichiarazione dell'alienante del titolo abilitativo o di dichiarazione assolutamente non veritiera per assoluta irriferibilità del titolo abilitativo dichiarato all'immobile oggetto dell'atto. La natura meramente testuale della nullità in esame sarebbe altresì avallata dalla **possibilità di confermare** l'atto nullo mediante un atto successivo che

contenga la dichiarazione prescritta (*ex* art. 46, c. 4, d.P.R. n. 380/2001 e art. 40, c. 3, l. n. 47/1985). In altri termini, una volta resa la dichiarazione urbanistica indicante gli estremi di un titolo abilitativo ***riferibile*** all'immobile oggetto dell'atto, questo sarebbe in ogni caso valido, non rilevando a tal fine il profilo della conformità o della difformità al titolo della costruzione realizzata. Ciò non esclude l'eventuale rilevanza della difformità sotto il profilo penale ed amministrativo, così come non la esclude sotto altri profili civilistici (ad es. garanzie per vizi). In definitiva, ad avviso della Corte, l'ordinamento, nel richiedere a pena di nullità la sola ***menzione*** del titolo abilitativo ha voluto circoscrivere l'àmbito di questa sanzione civile ai soli **interventi edilizi effettuati *sine titulo***, lasciando ad altre branche dell'ordinamento (diritto penale e diritto amministrativo) ovvero ad altre norme civilistiche (garanzie per vizi, *etc.*) la repressione del pur pernicioso fenomeno degli immobili abusivi (non perché non assentiti ma) in quanto *difformi* dal titolo abilitativo rilasciato.
Prima di passare alla seconda questione, cioè a quella relativa alla applicabilità o meno della nullità urbanistica agli atti di scioglimento di comunioni aventi ad oggetto immobili abusivi, è dunque possibile fermare una prima importante riflessione: per "immobili abusivi", ai fini che qui interessano, devono intendersi i fabbricati per i quali non esistano titoli abilitativi ad essi riferibili.

Venendo dunque alla **seconda** (e più rilevante, in questa sede) questione, va subito osservato come l'applicabilità della nullità statuita dalle disposizioni sopra ricordate agli atti di scioglimento di comunioni, in particolare alle divisioni, sia stata oggetto di un vivace dibattito in dottrina e in giurisprudenza; dibattito che ha visto prevalere, per lungo tempo, sia pure con declinazioni diverse, l'orientamento incline a ritenere inapplicabile tale nullità.
La tesi è stata ragionata secondo due diverse declinazioni, peraltro sfocianti in conseguenze applicative parzialmente diverse tra loro.

Una prima declinazione muove da un argomento di ordine meramente testuale. Si afferma, infatti, che dal confronto tra la disposizione dell'art. 46, c. 1, d.P.R. n. 380/2001 e quella dell'art. 40, c. 2, l. n.

47/1985, emerga come soltanto nella prima gli “atti di scioglimento della comunione” siano espressamente contemplati tra quelli colpiti da nullità, mentre **nella seconda disposizione non vi sarebbe alcun riferimento espresso a tali atti**. La differenza testuale tra le due disposizioni, anche ad avviso di taluni precedenti di legittimità (cfr. Cass., Sez. II, 13 luglio 2005, n. 14764), lascerebbe intendere, in base al noto canone interpretativo secondo cui *ubi lex voluit dixit, ubi noluit tacuit*, che nessuna comminatoria di nullità sussisterebbe per gli atti di scioglimento di qualsiasi specie di comunione (sia ereditaria che ordinaria) avente ad oggetto immobili abusivi realizzati prima dell’entrata in vigore della l. n. 47/1985. Il legislatore, in sostanza, dalla l. n. 47/1985 in poi, avrebbe statuito una sorta di inasprimento della sanzione civile della nullità urbanistica.

Una seconda declinazione fa leva, invece, su un ragionamento di ordine logico-testuale. Si rileva, infatti, che tutte le disposizioni sopra ricordate circoscrivono il proprio ambito di applicazione agli **atti tra vivi**. Ebbene, mentre è indubbio che possano definirsi atti tra vivi quelli che comportino lo scioglimento di una comunione ordinaria, lo stesso non potrebbe dirsi con riferimento a quelli che sciolgano una comunione ereditaria. Ad avviso di più di una sentenza della Cassazione (Cass., Sez. II, 28 novembre 2001, n. 15133; Cass., Sez. II, 1° febbraio 2010, n. 2313), infatti, l’atto di scioglimento di una comunione ereditaria apparterebbe alla categoria degli **atti *mortis causa***, o comunque sarebbe a questi assimilabile, in quanto **atto conclusivo della vicenda successoria**. A sostegno di questo inquadramento della divisione ereditaria militerebbero due considerazioni. La prima sarebbe ravvisabile nel dato positivo offerto dall’art. 757 c.c., che attribuisce **efficacia retroattiva** alle assegnazioni scaturenti dalla divisione, da cui dovrebbe inferirsi come **la divisione non abbia efficacia traslativo-costitutiva ma puramente dichiarativa** (Cass., Sez. II, 24 luglio 2000, n. 9659; Cass., Sez. III, 29 marzo 2006, n. 7231; Cass., Sez. II, 5 agosto 2011, n. 17061; Cass., Sez. II, 7 novembre 2017, n. 26351). La seconda sarebbe ravvisabile nella ingiustificabile disparità di trattamento cui sarebbero sottoposte la divisione ereditaria posta in essere dai coeredi rispetto alla **divisione posta in essere dal testatore** *ex* art. 734 c.c.: qui, infatti, nessuno dubita che non trovino applicazione le disposizioni in materia di nullità urbanistica, trattandosi certamente di un atto *mortis causa*; il che, tuttavia, parrebbe un esito irragionevole alla luce del medesimo risultato pratico-giuridico perseguito.

In sintesi, i risultati cui giungono gli orientamenti dottrinali e giurisprudenziali appena illustrati sono i seguenti: secondo un primo orientamento, almeno gli atti di scioglimento di comunioni relativi ad edifici abusivi realizzati *ante* 17 marzo 1985 andrebbero esenti dalla nullità in esame e ciò a prescindere che si tratti di comunioni ordinarie o ereditarie; secondo l'altro orientamento, invece, anche dopo il 17 marzo 1985, andrebbero esenti dalla nullità tutti gli atti di scioglimento di comunioni ereditarie (non anche quelli di scioglimento di comunioni ordinarie) perché sarebbero sostanzialmente atti *mortis causa* (e non *inter vivos*).

## PERCORSO LOGICO ARGOMENTATIVO

Questi risultati possono tuttavia essere sottoposti a revisione critica, giungendo ad affermare l'applicabilità in ogni caso, a tutti gli atti di scioglimento di comunioni, ordinarie o ereditarie che siano, della nullità per omesse menzioni urbanistiche.

In particolare, con riferimento **al primo orientamento**, è possibile rilevare come l'addotto argomento testuale debba reputarsi infondato. Infatti, mentre l'art. 46 d.P.R. n. 380/2001 (come prima l'art. 17, co. 1, l. n. 47/1985) individua gli atti tra vivi aventi ad oggetto diritti reali relativi ad edifici abusivi avendo riguardo al loro **effetto** ("trasferimento, costituzione o scioglimento di comunione"), l'art. 40, co. 2, l. n. 47/1985, invece, individua tali atti facendo riferimento al loro **oggetto**, richiedendo cioè che si tratti di "atti tra vivi aventi per oggetto diritti reali" (il richiamo all'effetto giuridico degli atti, contenuto nella formula "esclusi quelli di costituzione, modificazione ed estinzione di diritti reali di garanzia o di servitù" si rinviene nella disposizione solo con funzione eccettuativa, ossia per escludere espressamente, dal campo di applicazione della norma, gli atti costitutivi, modificativi ed estintivi di diritti reali di garanzia o di servitù). Ne consegue che il legislatore avrebbe usato, nell'art. 40, co. 2, l. n. 47/1985, una formula ellittica, comprensiva di qualsiasi atto avente ad oggetto diritti reali su beni immobili abusivi, scegliendo un criterio (quello dell'oggetto) addirittura più ampio rispetto a quello impiegato nell'art. 46 d.P.R. n. 380/2001. Anche il canone interpretativo secondo cui *ubi lex voluit dixit, ubi noluit tacuit* può essere impiegato *ex adverso*: se infatti il legislatore avesse voluto eccettuare gli atti di scioglimento di comunioni, lo avrebbe statuito espressamente come ha fatto per gli atti costitutivi, modificativi ed estintivi di diritti reali di garanzia e di servitù. Inoltre, anche sul piano dell'interpretazione teleologica, è possibile avanzare più di un dubbio circa la ragionevolezza del risultato cui giunge l'orientamento criticato: non potrebbe comprendersi, infatti, perché lo scioglimento della comunione su di un immobile abusivo dovrebbe ritenersi consentito per il solo fatto che il fabbricato sia stato realizzato prima dell'entrata in vigore della l. n. 47/1985; parimenti non potrebbe comprendersi perché mai sarebbe vietato vendere un simile immobile ma non sarebbe vietato sciogliere una comunione sul medesimo instauratasi, magari anche non ereditaria.

Con riferimento al secondo orientamento sopra ricordato, non si ritiene condivisibile la tesi che assegna alla divisione natura di atto *mortis causa*. Basta muovere dalla nozione, pressoché pacifica in dottrina, dell'**atto a causa di morte** come di un **atto i cui effetti giuridici dipendono dall'evento morte del loro autore, del quale peraltro sono destinati a regolare la vicenda successoria**. Da tale nozione deriva che l'ipotesi paradigmatica di atto a causa di morte è il **testamento** (art. 587 c.c.), accanto al quale si pongono, quali atti a causa di morte a struttura *inter vivos*, la **dispensa dall'imputazione *ex se*** (art. 564, c. 2, c.c.) e la **dispensa dalla collazione** (art. 737 c.c.), ove contenute in un atto di donazione o in un atto *inter vivos* posteriore alla donazione (vale a dire ove non contenute in un testamento). Ebbene, se la morte dell'autore del negozio è l'evento che connota gli *atti mortis causa* e che ne determina la produzione degli effetti, è da escludere che l'atto di scioglimento della comunione ereditaria possa essere qualificato come atto *mortis causa*. Esso produce effetti, infatti, indipendentemente dalla morte del *de cuius* (che costituisce un mero antecedente storico, un fatto del passato i cui effetti si sono già prodotti e consumati con l'insorgere della comunione ovvero con l'eventuale divisione disposta dal testatore *ex* art. 734 c.c.). E produce i propri effetti immediatamente, col mero scambio dei consensi espresso dai condividenti; detti effetti, ossia lo scioglimento della comunione e l'assegnazione dei cespiti ai condividenti, dipendono esclusivamente dalla volontà dei condividenti medesimi, non da quella del *de cuius*.

A tal proposito, neppure può condividersi l'affermazione secondo cui lo scioglimento della comunione ereditaria sarebbe un atto non autonomo rispetto alla vicenda successoria, della quale costituirebbe l'evento terminale, permeandosi così della medesima natura. In primo luogo, perché la comunione ereditaria potrebbe non sciogliersi mai, in quanto, sebbene corrisponda all'*id quod plerumque accidit*, la divisione non è un atto necessario (né necessariamente conseguente) rispetto all'evento successorio. Inoltre, il fatto che un negozio si inserisca nella vicenda successoria non implica affatto che esso debba essere qualificato come atto *mortis causa*: si pensi all'accettazione dell'eredità, che pur essendo un atto necessario della vicenda successoria non viene reputato un atto *mortis causa* quanto, piuttosto un atto unilaterale tra vivi a contenuto patrimoniale (art. 1324 c.c.). Di qui il carattere *inter vivos* e non *mortis causa* della divisione ereditaria, che sarebbe allora assimilabile alla divisione ordinaria, costituendo entrambi **contratti plurilaterali ad effetti reali con funzione distributiva**. La diversa origine della comunione non muterebbe né la natura né gli effetti del negozio divisorio, che avrebbe carattere unitario. Opinare diversamente condurrebbe a risultati contradditori e illogici tutte le volte in cui non possa addivenirsi all'assegnazione dei beni ai compartecipi (c.d. **divisione "naturale"**) e debba invece farsi luogo alla vendita all'incanto ai sensi dell'art. 720 c.c. (c.d. **divisione "civile"**). La vendita all'incanto, infatti, quale atto senza dubbio *inter vivos*, sarebbe certamente colpita da nullità. Di qui l'incongrua e illogica conseguenza: la divisione naturale sarebbe consentita mentre quella civile sarebbe vietata.

È poi possibile muovere penetranti rilievi contro i due argomenti cardine spesi a sostegno dell'orientamento che esclude l'applicabilità alle divisioni ereditarie della nullità urbanistica: l'art. 757 c.c. e la c.d. natura dichiarativa della divisione; il confronto con la c.d. divisione del testatore di cui all'art. 734 c.c.

Quanto **al primo argomento**, può subito osservarsi che **altro è la retroattività, altro è la dichiaratività**. La prima attiene all'effetto di un atto, la seconda alla sua natura. Pertanto, quando l'art. 757 c.c. stabilisce che "ogni coerede è reputato solo ed immediato successore in tutti i beni componenti la sua quota o a lui pervenuti dalla successione, anche per acquisto all'incanto, e si considera come se non avesse mai avuto la proprietà degli altri beni", si limita a statuire l'efficacia retroattiva della divisione, disponendo cioè che gli effetti della divisione decorrano *ex tunc*, e derogando, quindi, al generale principio in forza del quale gli effetti di un atto giuridico decorrono di norma *ex nunc*. Ma altro è prendere atto di questa scelta compiuta dal legislatore, peraltro aderente a ragioni economiche e tributarie (come dimostra l'evoluzione dell'istituto, soprattutto nel diritto intermedio) altro è inferire da essa l'asserita natura dichiarativa della divisione. Natura dichiarativa che anzi sarebbe logicamente incompatibile proprio con la disposizione di cui all'art. 757 c.c. in quanto il fenomeno della retroattività di un atto giuridico si accompagna, per sua natura, all'efficacia costitutiva dell'atto stesso, non potendo, tecnicamente, retroagire gli effetti di un atto che si limiti a dichiarare o ad accertare una situazione giuridica già esistente, potendo invece retroagire soltanto gli effetti di un atto che muti la realtà giuridica (è per questo, ad esempio, che comunemente si parla di efficacia dichiarativa della sentenza che accerta la nullità di un atto, mentre si parla di efficacia costitutiva retroattiva, ad esempio, della sentenza di annullamento). D'altra parte, proprio l'art. 757 c.c. laddove prevede che l'efficacia retroattiva si estende a tutti i beni ereditari pervenuti al coerede "anche per acquisto all'incanto" attribuisce espressamente l'efficacia retroattiva ad atti con effetti costitutivo-traslativi. Inoltre, è di tutta evidenza che gli atti di scioglimento della comunione, lungi dall'accertare o dichiarare una situazione giuridica preesistente, immutano sostanzialmente la realtà giuridica. Con la divisione infatti ogni condividente perde la (com)proprietà di tutti i cespiti costituenti l'asse ereditario e concentra il proprio diritto su uno solo o su alcuni di essi ("*aliquid datum, aliquid retentum*"); sorgono, dunque, tante proprietà individuali laddove, prima, esisteva una comproprietà. Deve pertanto riconoscersi che la divisione ha una **natura specificativa, attributiva,** che impone di collocarla tra gli **atti ad efficacia tipicamente costitutiva e traslativa** (efficacia, peraltro, della quale non si dubitava né nel diritto romano né in quello intermedio). La divisione non ha causa ricognitiva di effetti giuridici già verificatisi, ma al contrario ha **causa attributiva e distributiva**, in quanto ciascun condividente può divenire l'unico titolare di questo o di quel bene già comune solo se vi sia stato un procedimento (contrattuale o giudiziale) che abbia determinato, con effetti costitutivi, lo scioglimento di quella comunione.

Anche l'argomento che vorrebbe trarsi dal **confronto tra la divisione ereditaria e la c.d. divisione del testatore** di cui all'art. 734 c.c. può ben essere confutato. A dispetto del tradizionale *nomen iuris* "divisione del testatore", le assegnazioni compiute dal *de cuius ex* art. 734 c.c. impediscono tecnicamente il sorgere della comunione ereditaria, generando, sui beni che ne sono oggetto, una successione individuale. Qui, in definitiva, non vi è alcuno scioglimento di comunione, poiché nessuna comunione si è mai instaurata. Ragion per cui, nessuna omogeneità causale e strutturale esiste tra la divisione tra *coheredes* (atto *inter vivos* volto a sciogliere la comunione incidentale ereditaria) e la c.d. divisione del testatore (atto *mortis causa* volto ad impedire la caduta in comunione incidentale ereditaria dei beni del *de cuius*). Tale disomogeneità giustifica pertanto un trattamento giuridico diverso, con riferimento all'applicabilità della nullità di cui agli artt. 46 d.P.R. n. 380/2001 e 40 l. n. 47/1985, in ragione del fatto che queste norme vogliono sanzionare la circolazione, cioè la negoziabilità *inter vivos*, degli immobili abusivi, ma non vogliono spingersi oltre, né impedendo la caduta in successione di tali immobili, che altrimenti resterebbero adespoti per il sol fatto della morte del proprietario, né comprimendo l'autonomia testamentaria che, come è noto, è per ovvie ragioni ben più

ampia di quella contrattuale.
Che tutti gli atti di scioglimento di comunioni, sia ereditarie che ordinarie, siano da ricomprendersi nel campo di applicazione degli artt. 46, d.P.R. n. 380/2001 e 40, l. n. 47/1985 è infine evincibile già dall'interpretazione, letterale e teleologica (*ex* art. 12, disp. prel. c.c.) delle citate disposizioni.

Quanto all'**interpretazione letterale**, già dal testo di esse non è ravvisabile alcun indice che induca l'interprete a distinguere tra comunioni ereditarie e comunioni ordinarie; non si vede pertanto la ragione per cui questa distinzione debba essere effettuata dall'interprete (in applicazione del noto canone ermeneutico *ubi lex non distinguit, nec nos distinguere debemus*).

Quanto al **canone teleologico** (la c.d. *intenzione del legislatore*), conferma della non correttezza di un'eventuale diversità di trattamento giuridico tra comunione ereditaria e comunione ordinaria, quanto agli atti di scioglimento, deve trarsi dal fatto che in altre disposizioni, peraltro sempre in materia urbanistico-edilizia, le divisioni ereditarie sono state espressamente eccettuate dal legislatore, in quanto evidentemente non ritenute rilevanti in relazione al bene giuridico tutelato. Il riferimento è chiaramente all'art. 30, d.P.R. n. 380/2001, in materia di **lottizzazione abusiva**, che per espressa previsione non si applica alle divisioni ereditarie. È chiara la *ratio* di una simile eccezione: la presunzione di pericolo, rappresentata dalla divisione in lotti, viene contemperata con l'esigenza dei coeredi di sciogliersi dallo stato di comunione; esigenza che invece deve soccombere quando non si sia più in presenza di un pericolo di abuso, ma di un abuso già consumato.

Il percorso logico-argomentativo sopra esposto, che conduce a ritenere applicabile la nullità urbanistica ad ogni atto di scioglimento di comunioni, è stato di recente avallato da una importante sentenza della Cassazione a Sezioni Unite (Cass., Sez. Un., 7 ottobre 2019, n. 25021).

## PROPOSTA DI SOLUZIONE

Portando a coerenti conseguenze il percorso logico-argomentativo sopra esposto, peraltro confortato dalla recente giurisprudenza nomofilattica, il parere è nel senso di consigliare a Sempronio di costituirsi in giudizio e di far valere, in quella sede, l'impossibilità giuridica della richiesta divisione, trattandosi della richiesta dello scioglimento di una comunione relativa ad un bene immobile abusivo, cioè di un bene immobile per il quale non sarebbe in alcun modo possibile rendere, da parte di nessuno, la dichiarazione urbanistica richiesta, a pena di nullità, dall'art. 40 l. n. 47/1985 (disposizione applicabile *ratione temporis* al caso di specie, trattandosi di fabbricato costruito negli anni '70), non esistendo, in relazione al fabbricato medesimo, alcun titolo abilitativo edilizio.

# QUESITO n. 10

## Responsabilità sanitaria: la manleva della struttura sanitaria sul medico dipendente e riparto di giurisdizione sull'azione di rivalsa tra giudice ordinario e contabile.

di Tania Bortolu

*(Corte di Cassazione, sez. Unite Civili, sentenza 22 settembre – 12 ottobre 2020, n. 21992 - Presidente Tirelli – Relatore Vincenti)*

**Tizio, a seguito della morte del congiunto, verificatasi per le complicanze sorte successivamente ad un intervento chirurgico, conveniva in giudizio Caio, medico-chirurgo che aveva eseguito l'intervento, e la struttura sanitaria Alfa, presso la quale l'intervento era stato eseguito, affinché, previa declaratoria della loro responsabilità solidale per il decesso del congiunto, fossero condannati, al risarcimento di tutti danni, iure successionis e iure proprio, patiti dall'attore.**

**Caio, costituendosi in giudizio, chiedeva ed otteneva la chiamata in garanzia della propria compagnia di assicurazione, concludendo, in via principale, per il rigetto delle domande attoree e, in subordine, per una declaratoria di responsabilità diretta ed esclusiva della convenuta struttura sanitaria Alfa. Quest'ultima, pure costituita in giudizio, invocava la reiezione della pretesa dell'attore, ed in subordine, nell'ipotesi di accertata responsabilità del chirurgo, chiedeva di essere manlevata dal**

medesimo con condanna dello stesso "al pagamento di tutto quanto riconosciuto all'attore a titolo di risarcimento del danno". Si costituiva in giudizio anche la terza chiamata in causa, la Società di assicurazioni Beta, eccependo, preliminarmente, l'inoperatività della polizza, per poi concludere, nel merito, per il rigetto delle domande attoree o, in subordine, per una affermazione di esclusiva responsabilità per danni della Azienda Alfa.

Il Tribunale adito accertava la responsabilità di Caio e della Azienda Alfa e li condannava, in solido tra loro, al pagamento, a titolo risarcitorio, della complessiva somma di Euro 1.182.300,04, oltre accessori; condannava, poi, Caio "a rifondere in via di regresso l'azienda Alfa quanto dalla stessa sarà corrisposto all'attore in dipendenza della presente sentenza"; infine, condannava la Società Beta a tenere indenne Caio nei limiti del massimale di polizza.
Avverso la decisione proponeva impugnazione Caio con due motivi, denunciando, con il primo, il difetto di giurisdizione del giudice ordinario adito dall'attore.

La Corte di Appello adita accoglieva il gravame e dichiarava il difetto di giurisdizione del Giudice ordinario in favore della Corte dei conti.
Alla luce di quanto sopra, la struttura sanitaria Alfa si rivolge ad un legale per valutare l'opportunità di ricorrere in Cassazione avverso la sentenza della Corte di Appello ed ottenere la dichiarazione di giurisdizione del giudice ordinario in relazione all'azione di rivalsa.

## LETTURA DELLA TRACCIA ED INDIVIDUAZIONE DEI FATTI RILEVANTI

Il caso presuppone, preliminarmente, una breve disamina in ordine ai **principali aspetti caratterizzanti la categoria giuridica delle obbligazioni solidali**, riferita, in particolare, alla funzione delle stesse, non senza tuttavia prescindere da una concisa riflessione in ordine alla nozione, alle fonti ed alla natura giuridica, come disciplinate dall'art. 1292 ss. c.c.

Tanto premesso in linea generale, il candidato dovrà poi approfondire i temi specifici proposti dalla traccia, ovvero l'analisi dell'istituto giuridico delle obbligazioni solidali contestualizzato nell'ambito della responsabilità sanitaria, tematica, questa, di stretta attualità e dai trascorsi travagliati, in considerazione degli accesi dibattiti tanto dottrinali quanto giurisprudenziali cui essa ha dato origine, e che, con la legge n. 24 dell'8 marzo 2017 (c.d. Gelli-Bianco) pare aver trovato un punto di equilibrio relativamente alla molteplicità di aspetti che la tematica considerata involge. Tale indagine non potrà prescindere dall'evidenziare la natura contrattuale del rapporto obbligatorio che lega la struttura sanitaria al paziente e che la Cassazione, a partire dalla pronuncia a Sezioni Unite n. 9556 del 1° luglio 2002, poi ribadita dalle Sezioni Unite n. 577 dell'11 gennaio 2008, definisce quale contratto atipico di spedalità.

Successivamente, il candidato dovrà approfondire l'indagine relativa al regime giuridico dei meccanismi di rivalsa tra struttura sanitaria, pubblica e privata, e soggetti esercenti la professione medica, analizzandone le condizioni di ammissibilità ed i presupposti per l'esercizio delle relative azioni e considerando gli aspetti e criticità di carattere processuale degli stessi, con particolare richiamo alla pronuncia della Cassazione a Sezioni Unite n. 21992 del 12 ottobre 2020.

# INDIVIDUAZIONE DEGLI ISTITUTI GIURIDICI E DEI PRINCIPI GIURISPRUDENZIALI RILEVANTI

## I. DISCIPLINA NORMATIVA E PRINCIPI GIURISPRUDENZIALI RILEVANTI

La materia della responsabilità sanitaria rappresenta un argomento di stretta attualità, oggetto, negli anni, di un'articolata evoluzione normativa e giurisprudenziale frutto di un acceso dibattito sia in dottrina che in giurisprudenza.

Prima di affrontare la tematica specifica delle obbligazioni solidali contestualizzate nell'ambito della responsabilità sanitaria, appare utile, preliminarmente, fare una concisa riflessione sui doveri degli esercenti la professione sanitaria nell'espletamento della loro attività professionale ed, altresì, sul concetto di colpa medica, evidenziando i presupposti affinché essa possa ritenersi configurata.
In generale è possibile affermare che la diligenza cui è tenuto l'esercente la professione sanitaria nell'adempimento della propria obbligazione è quella qualificata, intrinsecamente legata alla natura dell'attività professionale esercitata, ai sensi dell'art. 1176, 2° comma c.c.

Il **concetto di diligenza** appena considerato si esprime attraverso la perizia, intesa come conoscenza ed applicazione delle regole tecniche e scientifiche proprie della categoria medica. Si tratta, dunque, delle *leges artis* riferite all'ambito sanitario, il cui scopo principale si ravvisa nella delimitazione di quello che viene definito "rischio consentito" e, di conseguenza, dell'ambito di liceità dell'operato del professionista sanitario.
Ogni esercente la professione sanitaria, infatti, oltre ai generali e comuni doveri di prudenza e diligenza, sarà tenuto a garantire un certo "standard" di perizia il cui fondamento è costituito non solo dall'ottemperanza alle *leges artis* comuni a qualsiasi branca della professione medica ma anche dal rispetto di regole di condotta

specificamente riferite allo specialistico settore di appartenenza dal sanitario (Cass. Civ., 13 aprile 2007, n. 8826).
La colpa medica, ravvisabile in tutte quelle ipotesi di involontaria inosservanza o violazione delle specifiche regole cautelari di condotta del sanitario, può essere sia commissiva, configurabile qualora la violazione delle predette regole avvenga per il tramite di una condotta attiva, od omissiva, laddove l'errore medico sia riferibile all'inosservanza delle cautele imposte da specifiche regole di condotta la cui valutazione deve essere effettuata anche alla luce dei protocolli terapeutici considerati standard.

Tanto premesso in generale, con specifico riferimento alla tematica della solidarietà riferita all'ambito della responsabilità sanitaria, l'analisi non può che prendere le mosse dalla Legge n. 24 dell'8 marzo 2017 (c.d. legge Gelli-Bianco), recante "disposizioni in materia di sicurezza delle cure e della persona assistita, nonché in materia di responsabilità professionale degli esercenti le professioni sanitarie".
Con tale normativa il legislatore si propone di raggiungere l'obiettivo, tanto perseguito in passato, di dissipare ogni dubbio in riferimento alla definizione degli ambiti di responsabilità da un lato, della struttura e, dall'altro, dell'esercente la professione sanitaria.
Infatti, a fronte di un unico danno, l'obbligazione risarcitoria nei confronti del paziente può assumere una struttura complessa sotto il profilo soggettivo: vi possono concorrere in solido sia la struttura sanitaria che l'esercente la professione medica.

La giurisprudenza, operando una distinzione tra il rapporto intercorrente tra paziente e struttura sanitaria da un lato e quello paziente - medico dall'altro, definisce il primo come un autonomo ed atipico contratto a prestazioni corrispettive (c.d. contratto di atipico di spedalità) con il quale, l'ente, pubblico o privato, la cui prerogativa risiede nel fornire ed organizzare il servizio sanitario, si impegna a fornire una prestazione complessa. Tale prestazione complessa postula, per il soggetto tenuto alla prestazione terapeutica o clinica, l'onere di erogare, in favore del paziente, non solo cure mediche e chirurgiche, sia generali che specialistiche, ma anche servizi che involgono attività diagnostiche, terapeutiche, prestazioni assimilabili a quelle di un rapporto di albergo, assistenza medico-infermieristica ed attività organizzative, dovendo garantire la sicurezza ed il buon funzionamento delle attrezzature e degli strumenti utilizzati per le cure (Cass. Civ., 14 luglio 2004, n. 13066 - Cass. Civ., SS.UU. Sent. n. 9556/2002. Cass. Civ., SS.UU., 11 gennaio 2008, n. 577).

Ciò premesso, il contratto tra paziente e struttura sanitaria sorge al momento dell'accettazione del paziente presso la struttura, sia essa preordinata al ricovero o, *sic et simpliciter*, ad una visita ambulatoriale. Di conseguenza è possibile ricondurre la responsabilità della struttura sanitaria al paradigma contrattuale, ex art. 1218 c.c., e sostenere che essa sussiste sia nelle ipotesi in cui la scelta degli esercenti la professione sanitaria sia rimessa alla discrezionalità del paziente (art. 7, 1° comma L. n. 24/2017) che in quelle nelle quali le prestazioni sanitarie siano erogate in regime di libera professione intramuraria, nell'ambito di sperimentazione e ricerca clinica ovvero in regime di convenzione con il servizio sanitario nazionale (art. 7, 2° comma L. n. 24/2017).

Per contro, **la responsabilità dell'esercente la professione sanitaria**, il quale presti la propria opera professionale all'interno della struttura sanitaria organizzata, deve essere invece ricondotta alle ipotesi di responsabilità per fatto illecito, disciplinate dall'art. 2043 c.c. (art. 7, 3° comma L. n. 24/2017), salvo il caso in cui il medico abbia stipulato uno specifico contratto con il paziente, nel qual caso troverebbe applicazione il sistema del c.d. "doppio binario" della responsabilità.
Tale disciplina si caratterizza per la sua inderogabilità; l'art. 7, 5° comma della L. n., 24/2017 dispone infatti che le disposizioni *de quibus* debbano considerarsi norme imperative ai sensi del codice civile. Ovvio corollario di quanto appena illustrato è rappresentato dalla nullità delle clausole di esonero dalla responsabilità per l'operato del medico selezionato dal paziente, frequentemente utilizzate dalle strutture di cura private.
La fonte, contrattuale o extracontrattuale, della responsabilità sanitaria si riverbera inevitabilmente sui diversi aspetti della complessa

disciplina in analisi, quali, prima di tutto, il regime dell'onere probatorio.

In caso di **responsabilità contrattuale**, infatti, sul paziente danneggiato incomberà l'onere di comprovare il nesso causale tra l'aggravamento della patologia esistente, o l'insorgenza di una nuova patologia, e l'azione od omissione del sanitario. Sul debitore incomberà invece l'onere di provare l'impossibilità della prestazione derivante da una causa non imputabile, dimostrando che l'inesatto adempimento sia ascrivibile ad un impedimento inevitabile ed imprevedibile pur con l'utilizzo dell'ordinaria diligenza (Cass. Civ., Sez. III, 13 ottobre 2018, n. 26700).

In caso, invece, di **responsabilità del medico**, si dovranno necessariamente considerare le distinzioni strutturali, oramai proprie del sistema del "doppio binario" di responsabilità della struttura e responsabilità del medico, tra responsabilità contrattuale ed extracontrattuale.
Sotto tale profilo, l'art. 1218 c.c. esonera il creditore della prestazione che si assume non essere stata adempiuta dall'onere di dimostrare la colpa del debitore ma non anche dall'onere di fornire la prova del nesso eziologico tra la condotta del debitore, che si ritiene aver dato origine all'obbligazione risarcitoria, ed il danno riportato, del quale viene chiesto il ristoro.
Trova pertanto conferma il principio di diritto secondo il quale, nell'ambito di un giudizio di risarcimento del danno determinato da responsabilità sanitaria, incombe sull'attore – paziente la dimostrazione, con qualsiasi mezzo di prova e secondo il criterio del "più probabile che non", del nesso causale tra la condotta del medico e la causazione del danno per il risarcimento del quale è stata intrapresa l'azione giudiziale. In tali ipotesi, qualora, a seguito dell'istruttoria della causa, non siano emersi elementi tali da far ritenere impegnata la responsabilità del medico, non risultando, dunque, provato il nesso tra condotta ed evento, e, di conseguenza, risulti carente la prova del danno, la domanda dovrà essere necessariamente rigettata (Cass. Civ., Sez. III, 15 febbraio 2018, n. 3704).

Altro aspetto sul quale incide il diverso titolo di **responsabilità riguardante la struttura e l’esercente la professione sanitaria**, è quello del regime della prescrizione dell’azione risarcitoria: decennale in caso di responsabilità contrattuale, quinquennale, ex art. 2947, 1° comma c.c., in caso di responsabilità per fatto illecito.
Ancora, in tema di responsabilità contrattuale, troverà applicazione l’art. 1225 c.c. che dispone che il risarcimento, qualora l’inadempimento non dipenda da dolo del debitore, sarà limitato esclusivamente al danno che poteva essere oggetto di previsione all’epoca in cui è sorta l’obbligazione; in caso si versi, invece, in ipotesi di responsabilità extracontrattuale, non potrà trovare applicazione, in favore dell’esercente la professione sanitaria, il disposto dell’art. 2236 c.c. che, in presenza di problemi tecnici di particolare complessità, limita la responsabilità del prestatore d’opera contrattuale ai soli casi di dolo o colpa grave.

Ciò premesso, a fronte di un unico evento dannoso, vi è la possibilità, statisticamente frequente, che la responsabilità in ordine alla determinazione dello stesso possa assumere una struttura complessa sotto il profilo soggettivo, e ad essa, seppur fondata su titoli differenti e non omogenei, possano concorrere sia la struttura sanitaria che l’esercente la professione medica.
In ragione di ciò, al paziente-danneggiato, sulla base dei principi generali di diritto che disciplinano la categoria delle obbligazioni solidali, è rimessa la facoltà di scegliere se intraprendere l’azione di risarcimento nei confronti della struttura sanitaria, nei confronti dell’esercente la professione medica o, ancora, se convenire in giudizio entrambi.
Sotto tale profilo, viene tuttavia dettata una disciplina speciale del diritto di regresso della struttura sanitaria nei confronti dell’esercente la professione medica. L’esercizio giudiziale del predetto diritto può assumere, nel nostro sistema legislativo, due forme differenti:

- in primo luogo, l’azione di rivalsa per i danni che la struttura sanitaria privata si trovi a dover risarcire a seguito di condanna giudiziale o abbia accettato di pagare in via transattiva al paziente danneggiato per responsabilità sanitaria (art. 9, 1° co. L. n. 24/2017). Tale azione viene esercitata avanti il Tribunale Ordinario ad impulso della struttura dalla quale dipende il medico che ha causato il danno (Cass. Civ., SS.UU., Sent. n. 21992/2020). Se l'esercente la professione sanitaria non è stato litisconsorte nel giudizio di risarcimento o non vi sia stato alcun procedimento giudiziale risarcitorio, a seguito dell'intervento di una transazione stragiudiziale, l'azione di rivalsa della struttura sanitaria privata soggiace al termine decadenziale di un anno decorrente dall'avvenuto pagamento in forza del titolo giudiziale o stragiudiziale (art. 9, 2° comma L. n. 24/2017). Nelle ipotesi in cui, invece, l'esercente la professione sanitaria abbia preso parte al giudizio risarcitorio, opererà esclusivamente il termine di prescrizione decennale, considerando sempre, quale *dies a quo*, il momento dell'avvenuto pagamento. L'azione di rivalsa può inoltre essere esercitata non solo in un autonomo giudizio ma anche nell'unico procedimento litisconsortile nel quale siano parti tanto la struttura sanitaria privata quanto il medico: in quest'ultima ipotesi, tuttavia, la domanda di rivalsa potrà essere oggetto di indagine giudiziale solo laddove trovi accoglimento la domanda di condanna del paziente-danneggiato. In tal caso, l'accertamento della domanda di rivalsa e la relativa condanna rimangono condizionate all'adempimento dell'obbligazione risarcitoria da parte della struttura sanitaria.

- In secondo luogo l'azione di responsabilità amministrativa (art. 9, 5° comma L. n. 24/2017) per danno erariale riportato dalla struttura sanitaria pubblica, al cui ambito va ricondotto non solo il danno risarcito al paziente-danneggiato, ma anche le ulteriori declinazioni di danno che siano derivate alla struttura, quali, ad esempio, il danno all'immagine della stessa.

## I.I. L'AZIONE DI RIVALSA NELLA RESPONSABILITÀ SANITARIA

La legge n. 24/2017, nella sua opera di riorganizzazione dell'articolata e complessa materia relativa alla responsabilità sanitaria, ha disciplinato anche l'aspetto relativo alle conseguenze negative derivanti all'esercente la professione sanitaria in caso di accoglimento della domanda risarcitoria proposta dal paziente nei confronti della struttura sanitaria o sociosanitaria pubblica o privata presso la quale lo stesso ha prestato la propria attività professionale. La richiamata normativa ha infatti previsto la possibilità, per le predette strutture, di esercitare azione di rivalsa nei confronti del professionista sanitario qualora il danno riportato dal danneggiato sia causalmente riconducibile al suo operato, laddove ricorrano determinate condizioni e si sia altresì ottemperato a specifici incombenti entro precisi termini.

L'art. 9 della L. n. 24/2017 detta la disciplina per l'azione di rivalsa della struttura nei confronti del sanitario responsabile del danno; segnatamente dal 1°al 4°ed al 6°comma viene dettata la disciplina dell'azione di rivalsa della struttura sanitaria o sociosanitaria privata mentre al 5° comma viene disciplinata l'azione di responsabilità amministrativa. Il 7° comma detta invece disposizioni comuni ad entrambe le azioni.
La **legittimazione attiva** all'esercizio dell'azione di rivalsa (*rectius* regresso) viene riconosciuta, ex art. 7, 1°, 2°, 3° e 4° comma L. n. 24/2017, a qualunque struttura sanitaria o sociosanitaria privata sulla quale gravi l'obbligo di risarcire il paziente danneggiato a seguito di un giudizio o di una transazione.

Analogamente, **la legittimazione passiva** nel giudizio di rivalsa spetta a qualsiasi professionista sanitario che abbia determinato, con il suo operato, il danno al paziente risarcito dalla struttura sanitaria, sempre che ricorrano gli elementi del dolo o della colpa grave. La legittimazione passiva, nell'ambito di un giudizio di rivalsa, può pertanto riconoscersi sia nei confronti del personale dipendente della struttura sanitaria privata che nei confronti di quei soggetti che hanno prestato la loro attività professionale presso la struttura, sia in regime di

libera professione che in regime di convenzione con il Servizio Sanitario Nazionale, mediante la telemedicina o anche nei confronti quei soggetti che hanno svolto attività formativa, di aggiornamento professionale, sperimentazione e ricerca.
L'azione di rivalsa potrà infine essere esercitata anche nei confronti di quei soggetti che abbiano utilizzato la struttura sanitaria nell'adempimento di una propria obbligazione contrattuale assunta direttamente con il paziente ex art. 7, 3°comma L. n. 24/2017, ai sensi del combinato disposto dell'art. 9, 6° comma e dell'art. 10, 2° comma L. n. 24/2017.
Condizione di procedibilità dell'azione di regresso della struttura sanitaria privata o l'azione di responsabilità amministrativa della struttura sanitaria pubblica nei confronti degli esercenti la professione medica è rappresentata dal preventivo adempimento dell'obbligo di comunicazione, da parte della struttura al medico, della notifica dell'atto introduttivo il giudizio di risarcimento da parte del paziente danneggiato o dell'avvio delle trattative stragiudiziali con lo stesso. In tale ultima ipotesi, la comunicazione dovrà necessariamente contenere l'invito, per il sanitario alla cui condotta sia ascrivibile il danno, a prendere parte alle trattative. La comunicazione di cui sopra deve avvenire entro dieci giorni dalla notifica dell'atto introduttivo il giudizio di risarcimento o dell'avvio delle trattative stragiudiziali.

Tuttavia, proprio la previsione di un termine così breve ha evidenziato molte criticità della L. n. 24/2017; ciò in quanto, in primo luogo, le strutture sanitarie pubbliche sono articolate in dipartimenti ed uffici organizzati secondo precisi schemi verticistici che rendono molto complessa l'istruttoria della pratica di risarcimento; istruttoria che comprende, generalmente, tutta una serie di attività complesse ed interconnesse l'una con l'altra quali la protocollazione della richiesta di risarcimento, l'apertura e chiusura dell'istruttoria interna, l'individuazione del presidio sanitario e dei medici che hanno preso parte alle attività di cura dalle quali è derivato un danno al paziente, ed, in secondo luogo, dalla circostanza che, frequentemente, il danneggiato, nell'atto introduttivo il giudizio risarcitorio (atto di citazione o ricorso) omette di fornire le richiamate informazioni, segnatamente qualora agisca esclusivamente nei confronti della sola struttura.

Constatate le sistematiche criticità legate alla eccessiva brevità del termine entro il quale adempiere all'obbligo di comunicazione, come previsto dall'art. 13 L. n. 24/2017, che nella prassi ha evidenziato tutta la sua inadeguatezza, il legislatore, con la L. n. 3 dell'11 gennaio 2018 (*Delega al Governo in materia di sperimentazione clinica di medicinali nonché disposizioni per il riordino delle professioni sanitarie per la dirigenza sanitaria del Ministero della Salute*) ha disposto l'estensione del termine di cui all'art. 13 L. n. 24/2017, portandolo da 10 a 45 giorni (art. 11, 1° comma, lett. D) L. n. 3/2018).

La modifica apportata dalla più recente normativa appare coerente con le tempistiche della casistica più frequente nella prassi nonché maggiormente rispondente alla ratio della L. n. 24/2017.
Una volta ottemperato all'obbligo di comunicazione di cui all'art. 13 della L. n. 24/2017, come modificato dall'art. 11, 1° comma, lett. d) della L. n. 3/2018, la struttura sanitaria potrà esercitare l'azione di rivalsa nei confronti dei sanitari responsabili dell'attività lesiva effettuata con dolo o colpa grave ai sensi dell'art. 9, 1° comma L.24/2017. Detta norma, infatti, prevede, quale presupposto tassativo per l'esercizio dell'azione di regresso, la ricorrenza dei presupposti del dolo e della colpa grave dell'esercente la professione sanitaria, restando dunque preclusa la facoltà di agire in regresso nelle ipotesi di "colpa lieve".
Sotto tale profilo, è importante osservare come il diritto civile abbia mutuato dal diritto penale, segnatamente dall'art. 43 c.p., la nozione di dolo o colpa come, al pari, quella di nesso causale. Secondo l'art. 43 c.p., infatti, il delitto può definirsi doloso quando l'evento dannoso o pericoloso, che sia il risultato dell'azione od omissione da cui la legge fa dipendere l'esistenza del delitto, è da colui che agisce previsto e voluto come conseguenza della propria azione od omissione, mentre è colposo, quando l'evento, pur previsto, non è voluto dall'agente e si verifica a causa di negligenza, imperizia o imprudenza, oppure per inosservanza delle leggi, dei regolamenti, degli ordini e delle discipline.

Nelle ipotesi giudizio promosso a seguito di danno cagionato da errore medico, la responsabilità sanitaria si connota per la ricorrenza dell'elemento della colpa. Per ritenere infatti sussistente la colpa del sanitario è necessario, sotto il profilo oggettivo, che la condotta lesiva sia ascrivibile alla volontà del soggetto e che l'evento non sia voluto dallo stesso, oltre al fatto che vi sia stata imperizia, imprudenza, negligenza (colpa generica) e la violazione di leggi regolamenti, ordini e discipline (colpa specifica).

Sotto il **profilo soggettivo**, invece, alla base dell'elemento della colpa vi è la prevedibilità ed evitabilità dell'evento dannoso o, in alternativa, la possibilità, accertata in concreto, per l'agente di rappresentarsi l'evento dannoso quale conseguenza diretta della propria azione od omissione correlata alla violazione di precise norme poste da leggi, regolamenti, ordini e discipline e di scongiurare l'evento ottemperando a specifiche regole cautelari.
L'entità della colpa potrà variare da lieve a grave sia in relazione alla misura in cui l'agente si sarà discostato dalle regole di diligenza, prudenza e perizia ovvero dalle leggi, regolamenti, ordini e discipline che in relazione al grado di esigibilità di una condotta corretta.
Le considerazioni appena illustrate a livello generale con riferimento all'elemento della colpa, nella materia relativa alla responsabilità sanitaria devono essere necessariamente integrate dal riferimento anche alle linee guida, ai protocolli ed alle buone pratiche clinico-assistenziali, correlate, in particolare, ai casi di imperizia, il cui rispetto, da parte dell'esercente la professione sanitaria, ne esclude la punibilità laddove le raccomandazioni previste dalle predette linee guida risultino coerenti alla peculiarità del caso concreto (art. 6 L. n. 24/2017). La lettura della richiamata norma, in combinato disposto con quella contenuta nell'art. 1176 c.c., induce a ritenere che il grado di diligenza qualificata che il professionista deve adottare potrebbe determinare il discostamento dalle linee guida, con la conseguenza che il rispetto di queste ultime, dei protocolli e delle buone pratiche clinico-assistenziali non escluderebbe l'esposizione del sanitario ad una imputazione per colpa grave.

### I.I.I. L'AZIONE DI RIVALSA DELLE STRUTTURE SANITARIE E SOCIOSANITARIE PRIVATE: LIMITI DEL GIUDIZIO DI RIVALSA IN CASO DI MANCATA PARTECIPAZIONE DEL SANITARIO AL PROCEDIMENTO GIUDIZIALE O ALLA TRATTATIVA STRAGIUDIZIALE INSTAURATA CON LA STRUTTURA.

Nelle ipotesi in cui, adempiuto l'obbligo di comunicazione previsto dall'art. 13 L. n. 24/2017 come modificato dall'art. 11, 1° comma lett. d) della L. n. 3/2018, l'esercente la professione sanitaria non abbia preso parte al giudizio di risarcimento o sia rimasto estraneo alla fase delle trattative stragiudiziali, l'art. 9, 2°, 3° e 4° comma della L. n. 24/2017 introduce altre condizioni di procedibilità dell'azione di rivalsa da parte della struttura sanitaria. Il 2° comma del predetto art. 9 dispone che, laddove il medico non abbia preso parte al giudizio risarcitorio o alle trattative stragiudiziali, la struttura possa agire in via di regresso solo in epoca successiva all'avvenuto risarcimento (giudiziale o stragiudiziale) nel rispetto del termine prescrizionale di un anno dallo stesso. Tale previsione ha la duplice finalità da una parte, di privilegiare, agevolandola, la realizzazione del diritto al risarcimento del paziente-danneggiato e, dall'altra, di evitare che il medico possa essere esposto, per un lasso di tempo più o meno esteso, all'incertezza di poter subire l'azione di rivalsa della struttura. Nella prassi può accadere inoltre che l'esercizio dell'azione di rivalsa nei confronti del sanitario e l'eventuale giudizio del gravame radicato dalla struttura possano sovrapporsi, con la conseguenza che, in tali casi, il giudizio di rivalsa, essendo condizionato all'accoglimento del gravame interposto dalla struttura, dovrà necessariamente essere sospeso ai sensi dell'art. 337 c.p.c.

Il comma 3° dell'art. 9 L. n. 24/2017, sempre sotto il profilo processuale, stabilisce che, nelle ipotesi in cui l'esercente la professione sanitaria non abbia preso parte al giudizio risarcitorio promosso dal danneggiato, la statuizione che definisce il predetto giudizio, incardinato solo nei confronti della struttura sanitaria o sociosanitaria, non fa stato nell'eventuale giudizio di regresso, in coerenza con il principio generale di diritto di cui all'art. 2909 c.c.

Il 4° comma dell'art. 9 stabilisce che in nessun caso l'intervenuta transazione è opponibile all'esercente la professione sanitaria nel giudizio di rivalsa. Tale disposizione, che implicitamente richiama quella di cui all'art. 1304 c.c., secondo la quale la transazione conclusa dal creditore con uno dei debitori solidali non produce effetto nei confronti degli altri se costoro non dichiarano di volerne profittare, non fa che evidenziare ulteriormente la natura solidale dell'obbligazione risarcitoria tra medico e struttura. Nell'ambito del giudizio di rivalsa, che deve necessariamente svolgersi in contraddittorio con l'esercente la professione sanitaria, sarà indispensabile effettuare l'indagine relativa all'apporto causale della condotta dello stesso nella determinazione del danno; ciò trova altresì conferma nel disposto nel 7° comma dell'art. 9 L. n. 24/2017, sulla base del quale il Giudice può trarre argomenti di prova dalle prove assunte nel giudizio di risarcimento del danno promosso nei confronti della struttura sanitaria o sociosanitaria o dell'impresa di assicurazioni solo se il sanitario ne ha preso parte. Sotto tale profilo, tuttavia, la L. n. 24/2017 nulla dice sui termini e le modalità dell'azione di rivalsa qualora l'esercente la professione sanitaria abbia partecipato al procedimento risarcitorio o perché direttamente evocato in giudizio dal danneggiato, o in qualità di terzo chiamato ad impulso della struttura sanitaria o sociosanitaria o, ancora, in quanto interveniente volontario a seguito della ricezione della comunicazione di cui all'art. 13 L. n. 24/2017 come modificato dall'art. 11, 1° comma lett. d) della L. n. 3/2018.

Il 6° comma dell'art. 9 L. n. 24/2018, come modificato dall'art. 11, 1° comma lett. c) della L. n. 3/2018 pone un limite alla misura della sanzione che, all'esito del giudizio di rivalsa, può essere irrogata all'esercente la professione sanitaria, sia nel caso in cui abbia partecipato al predetto procedimento sia nell'ipotesi in cui ne sia rimasto estraneo, disponendo che, nell'eventualità in cui trovi accoglimento la domanda risarcitoria proposta dal danneggiato nei confronti della struttura sanitaria o sociosanitaria privata, la misura della rivalsa per singolo evento, in caso di conclamata colpa grave, non potrà eccedere un importo pari al triplo del valore maggiore del reddito professionale, ivi compresa la retribuzione lorda, conseguito nell'anno

di inizio della condotta determinativa dell'evento dannoso o nell'anno immediatamente precedente o successivo.
Il limite della misura della rivalsa appena esaminato non trova applicazione nei confronti degli esercenti la professione sanitaria che svolgono la propria attività al di fuori della struttura o all'interno della stessa ma in regime libero-professionale o si avvalga della stessa nell'adempimento di una propria obbligazione contrattualmente assunta con il paziente ai sensi dell'art. 10, 2°comma L. n. 24/2017.

## IV. L'AZIONE DI RESPONSABILITÀ AMMINISTRATIVA.

L'art. 9, 5° comma della L. n. 24/2017, dispone che nelle ipotesi in cui la domanda risarcitoria del paziente trovi accoglimento nei confronti delle struttura sanitaria o sociosanitaria pubblica, ai sensi dell'art. 7, 1° e 2° comma, o dell'esercente la professione sanitaria, ai sensi dell'art. 7, 3° comma, la legittimazione attiva all'esercizio dell'azione di responsabilità amministrativa, per dolo o colpa grave, nei confronti del medico che con la propria condotta abbia causato il pregiudizio al danneggiato, sia rimessa al Pubblico Ministero presso la Corte dei Conti.

In ordine al meccanismo di rivalsa in parola, appare preliminarmente utile rammentare come l'azione di responsabilità per il personale sanitario delle strutture pubbliche convenzionate sia stata, ancor prima della L. n. 24/2017, ricondotta alla giurisdizione della Corte dei Conti in forza dell'art. 47, L. n. 833/1978 e del relativo D.P.R. attuativo del 26 dicembre 1979 n. 761 nonché dell'art. 52 del R.D. del 12 luglio 1934 n. 1214. Da quanto appena argomentato, appare evidente l'intento della L. n. 24/2017 di armonizzazione e coerenza con l'ordinamento generale delle pubbliche amministrazioni. Le ragioni di una simile determinazione risiedono, essenzialmente, nelle maggiori garanzie offerte dalla giurisdizione contabile al medico che eserciti la propria attività professionale presso un ente pubblico; garanzie riferite, segnatamente, alla responsabilità erariale con la previsione di istituti quali il "potere riduttivo", la valutazione degli eventuali vantaggi conseguiti dall'amministrazione (ex art. 1, comma 1 – bis L. n. 20/1994 peraltro richiamato dall'art. 9, 5° comma L. n. 24/2017), la parziarietà della responsabilità erariale, intesa come ripartizione del pregiudizio in relazione alla valutazione del reale apporto causale della condotta di ciascun convenuto alla verificazione dell'evento lesivo (ex art. 1, comma 1 – *quater* L. n. 20/1994) e, non ultima, la previsione dell'intrasmissibilità della responsabilità agli eredi del dipendente pubblico, con l'unica eccezione rappresentata dall'illecito arricchimento.

Nel contesto normativo appena richiamato, l'art. 9, 5° comma L. n. 24/2017 impone inoltre al Giudice contabile, quale ulteriore regola di giudizio, l'obbligo di tener conto delle situazioni di fatto di particolare difficoltà, anche di natura organizzativa, della struttura sanitaria o sociosanitaria pubblica, nelle quali si sia trovato a prestare il proprio operato l'esercente la professione sanitaria.
La scelta della conferma della giurisdizione contabile per l'accertamento della responsabilità erariale dei sanitari dipendenti di strutture pubbliche ha creato un doppio binario di carattere giurisdizionale, uno per la responsabilità civile ed uno per quella amministrativa.

Per quanto attiene al profilo dei presupposti dell'esercizio dell'azione, nel rammentare come la legittimazione attiva sia rimessa al Pubblico Ministero presso la Corte dei Conti, cui incombe uno specifico obbligo dell'esercizio dell'azione, ad eccezione delle ipotesi in cui il danno erariale sia stato integralmente ristorato in favore della pubblica amministrazione, si può affermare che essi siano, sostanzialmente, tre: uno di carattere soggettivo, ovvero il dolo o la colpa grave; due di carattere oggettivo, consistenti nell'ottemperanza all'obbligo informativo di cui all'art. 13 L. n. 24/2017 e nell'accoglimento della domanda risarcitoria proposta dal danneggiato nei confronti della struttura sanitaria pubblica (Cass. Civ., SS.UU., Sent. n. 21992/2020).
Sotto tale profilo, in coerenza con la prevalente giurisprudenza della Corte dei Conti, la statuizione di condanna al risarcimento emessa dal Giudice civile rappresenta un mero presupposto dell'esercizio

dell'azione amministrativa e, sotto il profilo sostanziale, non differisce da una intervenuta transazione.
L'azione di responsabilità amministrativa esercitata nei confronti del medico non può pertanto essere preclusa da un accordo transattivo concluso tra il danneggiato e la struttura sanitaria pubblica, presso cui ha prestato la propria attività. Da ciò, in coerenza con il principio di autonomia tra giurisdizione amministrativa e giurisdizione civile, consegue che, nel giudizio di responsabilità amministrativa, il provvedimento giudiziale che definisce il giudizio civile di risarcimento ed, al pari, l'intervenuta transazione con il paziente-danneggiato, non esplicano mai effetti vincolanti sia che il sanitario sia stato litisconsorte del procedimento sia cha ne sia rimasto estraneo.

Tuttavia, il richiamato principio di autonomia tra giurisdizioni subisce una deroga dettata dall'art. 9, 7° comma L. n. 24/2017, laddove tale norma riconosce al Giudice contabile, qualora il medico abbia preso parte al giudizio risarcitorio, la facoltà di desumere argomenti di prova da quelle emerse nel corso dell'istruttoria del giudizio civile. In tale prospettiva, la previsione dell'art. 9, 7° comma L. n. 24/2017 recepisce un orientamento giurisprudenziale della Corte dei Conti già stratificato, delimitando, tuttavia, la discrezionalità riconosciuta al Giudice contabile solo alle ipotesi in cui il sanitario abbia preso parte al giudizio risarcitorio.

Per quanto attiene ai termini di esercizio dell'azione di responsabilità amministrativa, posto che non si ravvisa, in proposito, una diversa indicazione nell'art. 9, 5° comma L. n. 24/2017, devono considerarsi applicabili alla fattispecie considerati i termini prescrizionali stabiliti dall'art. 1 della L. n. 20/1994, ovvero cinque anni decorrenti dalla data in cui si è verificato l'evento pregiudizievole o, nell'eventualità in cui il danno sia stato dolosamente occultato, entro cinque anni dalla sua scoperta.
È evidente, sotto tale profilo, la differenza con i termini prescrizionali riferiti all'azione di rivalsa civile, laddove il termine decadenziale entro il quale promuovere il giudizio di rivalsa da parte della struttura sanitaria privata è di un anno decorrente dall'avvenuto pagamento nelle

ipotesi in cui il medico non abbia preso parte al giudizio risarcitorio. Tale distinzione in ordine ai termini di prescrizione e decadenza dell'azione di rivalsa civile ed amministrativa appare corretta in considerazione del fatto che l'art. 9, 2° comma L. n. 24/2017 si riferisce esclusivamente alla prima e non anche alla seconda e perché, ad ogni buon conto, essa costituisce una norma eccezionale e derogatoria rispetto ai consueti termini di prescrizione dell'azione civilistica di rivalsa e non può trovare applicazione analogica o estensiva a fattispecie diversamente disciplinate.

Per quanto riguarda, invece, **il *dies a quo*** per l'esercizio dell'azione di responsabilità amministrativa, anche alla luce dei recenti orientamenti della Corte dei Conti, lo stesso deve essere individuato nella data di avvenuto pagamento, con l'unica differenza che tale termine sarà valido in ogni caso, a prescindere dalla circostanza che il medico sia stato o meno litisconsorte del giudizio risarcitorio. Tale previsione appare coerente con il fatto che solo dal momento in cui si perfeziona il pagamento in favore del danneggiato si verifica il danno erariale, inteso come decremento economico, e, sotto tale espetto, deve considerarsi superato il precedente orientamento in forza del quale il decorso del termine di prescrizione era riferito alla data in cui il debito dell'amministrazione nei confronti del danneggiato fosse divenuto certo, liquido ed esigibile in ragione del passaggio in giudicato della sentenza di condanna o dell'esecutività dell'intervenuta transazione.

Merita infine una rapida menzione l'aspetto relativo ai criteri ed ai limiti previsti per la quantificazione del danno erariale. A tal proposito, l'art. 9, 5°comma L. n. 24/2017 detta due disposizioni, la prima delle quali introduce la nuova regola di giudizio secondo la quale il Giudice contabile deve tenere conto sia delle situazioni di fatto di particolare difficoltà, anche di natura organizzativa, della struttura sanitaria o sociosanitaria pubblica nella quale il medico ha operato, sia in relazione a quanto disposto dall'art. 1, comma 1-bis L. n. 20/1994, in riferimento ai vantaggi conseguiti dall'amministrazione di appartenenza dalla condotta del dipendente pubblico soggetto al giudizio di responsabilità, sia, infine, da quanto stabilito dall'art. 52, 2° comma R.D. n. 1214/1934, che prevede il potere di riduzione consistente nella valutazione delle singole responsabilità dei soggetti sottoposti a giudizio di responsabilità.

La seconda disposizione in tema di quantificazione del danno erariale, come modificata dall'art. 11, 1° comma lett. b) L. n. 3/2018, pone un limite alle conseguenze patrimoniali dell'azione di rivalsa pubblica nei confronti del sanitario disponendo che l'importo della condanna per responsabilità amministrativa, riferita ad ogni singolo evento, non può eccedere una somma pari al valore maggiore delle retribuzione lorda o del corrispettivo convenzionale conseguiti nell'anno in cui ha avuto inizio la condotta causativa del danno o nell'annualità immediatamente precedente o successiva, moltiplicato per il triplo.
L'ultimo capoverso dell'art. 9, 5° comma L. n. 24/2017 contiene infine una previsione che lascia ampio adito a dubbi di legittimità costituzionale della stessa laddove dispone che, per i tre anni successivi al passaggio in giudicato della sentenza che accoglie la domanda di risarcimento proposta dal paziente-danneggiato, il sanitario non può essere adibito ad incarichi superiori rispetto a quelli ricoperti ed inoltre il giudicato costituisce oggetto di specifica valutazione da parte dei commissari in occasione dei concorsi pubblici per l'assunzione di incarichi superiori. Da quanto disposto dall'ultimo capoverso dell'art. 9, 5° comma, parrebbe che la sanzione costituisca una diretta conseguenza del passaggio in giudicato della sentenza di risarcimento e non anche della pronuncia della Corte dei Conti senza, in ogni caso, alcun previo accertamento della sussistenza di una responsabilità personale del medico come potrebbe accadere in ipotesi di una pronuncia di condanna al risarcimento del danno ottenuta dal paziente-danneggiato nei confronti di una struttura pubblica che non abbia rispettato l'obbligo di cui all'art. 13 L. n. 24/2017. In tal caso, il medico non solo non sarebbe posto nelle condizioni di prendere parte al giudizio ma sarebbe altresì privato della possibilità di poter assumere le proprie difese in riferimento alla sua condotta nel corso del giudizio di rivalsa amministrativa, essendo questa preclusa in ragione della violazione del disposto del richiamato art. 13. L'esercente la professione sanitaria, pertanto, ai sensi dell'ultimo capoverso dell'art.

9, 5° comma L. n. 24/2017, è esposto a subire i riverberi negativi sulla propria attività professionale in assenza del preventivo accertamento della sua responsabilità effettuato in contraddittorio.

## PERCORSO LOGICO-ARGOMENTATIVO

Il caso giuridico considerato dalla traccia prende le mosse dalla richiesta di risarcimento di Tizio per la morte del proprio congiunto a seguito di un intervento chirurgico effettuato da Caio, medico chirurgo, presso la struttura sanitaria Alfa, per poi involgere una serie di istituti giuridici diversi che emergono a seguito delle difese dispiegate nel corso dei vari gradi di giudizio, ed, in particolare, quello relativo all'azione di rivalsa di una pubblica amministrazione (ovvero l'Azienda Ospedaliera) nei confronti di un soggetto ad essa legato da un rapporto di servizio (il medico chirurgo che espleta la propria attività professionale quale dipendente della stessa) per i danni riportato dalla prima in dipendenza di una condanna risarcitoria, in favore del soggetto terzo danneggiato, per il fatto del secondo (responsabile dell'errore medico) che viene qualificato quale danno erariale indiretto.

Sotto tale profilo, pare fondata l'eventualità di ricorrere in Cassazione avverso la pronuncia della Corte d'Appello che ha dichiarato, in ordine alla domanda di rivalsa della struttura sanitaria nei confronti del medico chirurgo, il difetto di giurisdizione del giudice ordinario in favore della giurisdizione del giudice contabile. Ciò poiché, in coerenza con il recente orientamento della Cassazione (Cass. Civ., SS.UU. Sent. n. 21992/2020), il principio per cui l'azione di responsabilità contabile nei confronti dei sanitari dipendenti di un'azienda sanitaria non è sostitutiva delle ordinarie azioni civilistiche di responsabilità nei rapporti tra pubblica amministrazione e soggetti terzi danneggiati; di tal che, laddove sia proposta da un'azienda sanitaria domanda di manleva nei confronti dei propri medici, non sorge una questione di riparto tra giudice ordinario e giudice contabile, stante la sostanziale autonomia e non coincidenza tra le due giurisdizioni (Cass. Civ., SS.UU., 18 dicembre 2014, n. 26659 e Cass. Civ., 23 agosto 2018, n. 21021).

Tale principio di diritto trova peraltro conforto in quello secondo il quale la reciproca indipendenza dell'azione di responsabilità per danno erariale e dell'azione di responsabilità civile promosse dalle pubbliche amministrazioni avanti il giudice ordinario si giustifica in relazione alla sostanziale diversità della natura degli interessi tutelati. Infatti, l'azione di responsabilità per danno erariale è preordinata alla tutela dell'interesse pubblico generale, al buon funzionamento della pubblica amministrazione ed al corretto impiego delle risorse (essa ha pertanto natura sanzionatoria); mente l'azione di responsabilità civile è orientata alla garanzia dell'integrale ristoro del pregiudizio (funzione riparatoria e compensativa) ed a tutela dell'interesse particolare dell'amministrazione attrice.

Pertanto, laddove vi fossero eventuali interferenze tra i due giudizi, verrebbe in considerazione non tanto una questione di giurisdizione quanto di proponibilità dell'azione di responsabilità avanti il giudice contabile, sempre, ovviamente, che non vi sia una specifica contestazione, avanti quest'ultimo giudice, in ordine alla configurabilità di un danno erariale relativamente ai presupposti previsti per il sorgere della responsabilità amministrativa contestata dal Procuratore Generale contabile; in tale ultimo caso, verrebbe a configurarsi una questione di giurisdizione risolvibile dalle Sezioni Unite, la cui definizione è demandata alla discrezionalità del legislatore ordinario, posto che la Corte dei Conti da considerarsi quale giudice naturale della tutela degli interessi pubblici e della tutela dei danni pubblici (Corte Cost. Sent. n. 355/2010, n. 46).

Ciò detto, la Corte d'Appello non avrebbe dovuto affermare il difetto di giurisdizione ordinaria in favore di quella contabile, ma avrebbe dovuto accertare la fondatezza o meno della autonoma domanda di manleva proposta dall'Azienda Ospedaliera nei confronti del proprio medico.
La decisione della Corte d'Appello territoriale che ha dichiarato, in ordine alla domanda di rivalsa della struttura sanitaria nei confronti del medico chirurgo, il difetto di giurisdizione del giudice ordinario in favore della giurisdizione del giudice contabile, si baserebbe sull'applicazione di un principio di diritto oramai superato dalla

giurisprudenza di legittimità (Cass. Civ., Sent. n. 13066/2004 e Cass. Civ., SS.UU. Sent. n. 955/2020) in ragione del quale sarebbe condivisibile l'assoggettamento sia della struttura sanitaria, in quanto ente pubblico esercente il servizio sanitario, che del medico da essa dipendente, all'ordinario regime della responsabilità civile con conseguente esclusione, nei confronti di quest'ultimo, dell'operatività degli artt. 22 e 23 D.P.R. n. 3/1957 che riguarda, specificamente, i casi di danni arrecati dai dipendenti pubblici nell'esercizio di attività pubblicistiche. In relazione a tale aspetto, le attività del Servizio Sanitario nazionale, non rivestendo natura di attività pubblicistiche, non rientrerebbero nel novero delle materie che l'art. 103 della Costituzione devolve alla giurisdizione amministrativa.

## Proposta di soluzione

In conclusione, il candidato potrebbe suggerire alla struttura sanitaria Alfa l'opportunità di ricorrere avverso la pronuncia della Corte di Appello territoriale al fine di ottenere la dichiarazione di giurisdizione del giudice ordinario. L'orientamento giurisprudenziale maggioritario sul punto, confermato anche dalla recente pronuncia delle Sezioni Unite della Cassazione (Sent. n. 21992/2020), sostiene infatti il principio per cui l'azione di responsabilità contabile nei confronti dei sanitari dipendenti di un'azienda sanitaria non è sostitutiva della ordinarie azioni civilistiche di responsabilità nei rapporti tra amministrazione e soggetti danneggiati, sicché, quando sia proposta da un'azienda sanitaria domanda di manleva nei confronti dei propri medici, non sorge una questione di riparto tra giudice ordinario e giudice contabile, attesa l'autonomia e non coincidenza delle due giurisdizioni (Cass. Civ., SS.UU. Sent. n. 26659/2014; Cass. Civ., SS.UU., Sent. n. 21021/2018).

# NOTE

NOTE

NOTE

continua la tua preparazione con

# L'ESTENSIONE ON LINE

**Per accedere al servizio**

1. Registrati gratuitamente su **shop.enneditore.it** nell'area

my Account

2. Entra nella sezione **"La mia libreria"**
3. Attiva il servizio utilizzando la seguente password

# MO67ETOO